gutes leben
bene!

RITA SÜSSMUTH

Keine Zeit mehr, abzuwarten

INHALTSVERZEICHNIS

Es ist Zeit 6

1 / Das Selbstvertrauen hat einen Riss bekommen . .12

2 / Liegt wirklich Mehltau über dem Land? 22

3 / Klimawandel: Längst ein Faktum. 44

4 / Landwirtschaft: Wir müssen umdenken 65

5 / Demokratie: Nehmt die Menschen mit 78

6 / Parität: Ohne Frauen keine Veränderungen 92

7 / Bildung: Raus aus der Sackgasse. 106

8 / Renten: Geht ehrlicher miteinander um 128

9 / Migration: Endlich die Tatsachen anerkennen! .141

10 / Steht auf! 155

Epilog. 165

Danksagung 171

ES IST ZEIT

Der Ruf junger Menschen auf den Straßen, die sich um das Klima und die Zukunft der Menschheit sorgen, ist unüberhörbar geworden. Sie stehen auf, überall auf der Welt, um den Herrschenden zuzurufen: »Leute, macht endlich was! Es ist Zeit, etwas zu tun! Hört auf, euch hinter Politikergeplänkel zu verstecken! Lasst die Taktiererei und die leeren Versprechen! Packt selbst mit an, damit sich etwas bewegt! Wir erwarten das von euch. Um den Klimawandel aufzuhalten, braucht es die allergrößten Anstrengungen. Und wir brauchen endlich auch mehr soziale Gerechtigkeit!«

Die jungen Menschen haben recht. Wir haben keine Zeit mehr, abzuwarten. Weder die westlichen Demokratien Europas und Nordamerikas noch die autoritären Systeme Russlands oder Chinas, weder die brasilianischen Bolsonaros noch die weißrussischen Lukaschenkos dieser Welt. Wir alle haben keine Zeit mehr, den dramatischen Entwicklungen ihren Lauf zu lassen. Es gilt, dem Rad in die Speichen zu fallen, wie es Dietrich Bonhoeffer formuliert hat.

Gott sei Dank machen die Jungen den Mund auf. Ihre Stimmen stoßen auf Resonanz, werden auch von Regierungen gehört. Wir sehen an Greta Thunberg und der von ihr maßgeblich beeinflussten Bewegung *Fridays for Future,* welche Macht eine Gruppe junger Menschen entwickeln kann, die sich engagiert. Junge Leute, die nicht lockerlassen, Maßnahmen einzuklagen, die den Klimawandel stoppen können.

Wir alle sind gefordert, unsere Stimme zu erheben und laut zu sagen: »So geht es nicht weiter!« Es geht um das Überleben der Menschheit.

Denn wenn wir jetzt nicht aufpassen und sehr bald handeln, dann könnte die letzte Chance verpasst werden, die Katastrophe noch abzuwenden. Der Klimawandel ist längst da, wir sind schon mittendrin: Dürren und Starkregenfälle, Hungersnöte und Überflutungen, heftige Wirbelstürme – sie bestimmen und bedrohen längst das Leben von Millionen von Menschen. Abwenden können wir manches nicht mehr.

Aber wir können darauf hoffen, die Auswirkungen des Klimawandels abzumildern, indem wir jetzt endlich die notwendigen Maßnahmen ergreifen.

Das betrifft viele Bereiche, beispielsweise unsere Agrarpolitik, der Irrweg des »Schneller-Höher-Weiter« – Tierwohl, Gesundheit und Umwelt gehen dabei vor die Hunde genauso wie die Qualität unseres Essens. Es ist längst Zeit, umzusteuern!

Ich bleibe politisch aktiv, denn wir sind alle, generationenübergreifend, für das verantwortlich, was geschieht – und auch für das, was unterbleibt. Unsere Demokratie, die kostbarste Errungenschaft, die Deutschland in seiner Geschichte jemals besaß, ist gefährdet. Die Umtriebe Rechtsradikaler nehmen in den letzten Jahren kontinuierlich zu, Populisten und Rattenfänger streuen ihre gefährliche Saat an vielen Stellen. Gewalttätigkeit, Aggression und die Anzahl der Morde sind gestiegen. »Der Schoß ist fruchtbar noch, aus dem das kroch!«, schrieb Bertolt Brecht. 70 Jahre nach Kriegsende scheint diese Prophezeiung zutreffender als je zuvor.

Aber für den Erhalt der Demokratie sind noch mehr zentrale Themen wichtig. Sind wir wirklich auf dem richtigen Pfad, wenn wir glauben, dass es in unserem Land vor allem mehr akademische Bildung braucht? Wir sind stolz darauf, dass 51 Prozent eines Altersjahrgangs Abitur machen. Aber wo bleiben die anderen Jugendlichen? Der Anteil der Schulabgänger ohne Abschluss hat sich signifikant erhöht und die Schulleistungen sind im Durchschnitt schlechter geworden. Wir sind aus der Balance gefallen, die es früher zwischen akademischer und beruflicher Bildung gab. An diesem Punkt müssen wir zu einer größeren Ausgewogenheit zurückkehren. Beide Wege, berufliche Ausbildung und Studium, sind gut und wichtig, beides braucht eine intensive Unterstützung durch die Politik. Und gehen wir wirklich in die richtige Richtung, wenn wir die Integration von Menschen aus anderen Ländern immer noch nicht als Chance begreifen? Deutschland ist ohne Zweifel ein Einwanderungsland, auch wenn es manche Zeitgenossen aus der rechtskonservativen Ecke immer noch nicht wahrhaben wollen.

Wie müssen sich Politiker und Politik verändern, wenn sie die Menschen in unserem Land vor Spaltung schützen und manche für eine gemeinschaftliche Gesellschaft neu gewinnen wollen? Was müssen wir tun, wenn unsere freiheitliche Demokratie angesichts vielfacher Bedrohungen von innen wie von außen auch zukünftig Bestand haben soll? Wir müssen jetzt handeln. Das muss sichtbar werden!

*

Sich wegzuducken ist keine Lösung. Schwierige Zeiten fordern klare Worte. Damit jeder versteht, worum es geht: um Wertschätzung, Demokratie, Teilhabe, Respekt vor dem anderen. Es geht um nichts weniger als unsere gemeinsame Zukunft. Deshalb ist überlegtes, rasches Handeln geboten. Wir bleiben verantwortlich bis ins hohe Alter – gedanklich und praktisch. Weil das mir ein Herzensanliegen ist, habe ich dieses Buch geschrieben. Denn mit meinen nunmehr 85 Jahren bin ich immer noch ein politischer Mensch. Und ich sorge mich um das Wohl der nächsten Generationen und der Schöpfung.

Mir war es immer wichtig, deutlich zu machen, dass wir nicht ohnmächtig sind. Veränderung ist möglich – und zwar durch jede und jeden Einzelnen. Es ist keine Option, nur betroffen dazustehen und zu sagen:

»Tja, da kann man nichts machen …« Dass man gegen unmenschliche Zustände gemeinsam kämpfen und etwas verändern kann, zeigt die Geschichte der Menschheit. Es braucht ein starkes *Wir* – quer durch alle Generationen.

1 // DAS SELBSTVERTRAUEN HAT EINEN RISS BEKOMMEN

Die offene Gesellschaft, die wir uns nach dem Zweiten Weltkrieg auf Basis unseres Grundgesetzes erkämpft haben, ist nicht zuletzt durch die Auswirkungen der Pandemie in die Defensive geraten. Viele Freiheiten des Einzelnen mussten zum Teil beschränkt werden, um alle zu schützen – besonders die Alten, Kranken und Schwachen; Erwachsene und Kinder. Persönliche Begegnungen waren plötzlich schwierig, wir konnten Verwandte und Freunde für längere Zeit nicht besuchen.

Kinder mussten zu Hause bleiben. Kindergärten und Schulen waren geschlossen. Läden durften nicht öffnen oder nur eine beschränkte Anzahl an Kunden einlassen. Kulturveranstaltungen waren untersagt, Sportvereine mussten den Betrieb einstellen. So etwas war bis dahin unvorstellbar.

Wir haben gemerkt, wie abhängig wir von einer funktionierenden Weltwirtschaft sind. Zeitweise gab es zu Beginn der Pandemie massive Versorgungsengpässe, wochenlang waren bestimmte Waren nur mit Mühe zu bekommen. Und noch immer leidet der sehnsüchtig erwartete Wirtschaftsaufschwung unter der Tatsache, dass die weltweiten Lieferketten der Industrie nicht richtig funktionieren.

Für viele ist im März 2020 das bisherige Weltbild angekratzt worden. Die Jahrzehnte genährte Vorstellung, vieles selbst entscheiden und gestalten zu können, hat einen Riss bekommen. Auf einmal war alles anders. Und wir saßen zu Hause fest.

Unser Gesundheitssystem ist an die Grenze der Belastbarkeit gekommen. Intensivstationen waren zeitweise nahezu komplett belegt, alle nicht zeitkritischen Operationen mussten aufgeschoben werden.

Das Virus hat uns alle herausgefordert. Und die langfristigen sozialen und ökonomischen Folgen sind noch nicht absehbar. »Long Covid« ist ein neues Krankheitsbild. Aber auch sonst werden wir manches, was wir erlebt haben, nicht mehr los. Zeit also, den Blickwinkel auf das Leben zu verändern. Was hat die Corona-Pandemie für Entwicklungen ausgelöst?

Viele spüren eine starke Verunsicherung. Es gibt plötzlich ungekannte Existenzängste. Weltweit sind über fünf Millionen Menschen am Covid-19-Virus gestorben. In Deutschland haben wir bis zum Jahresanfang 2022 mehr als 100 000 Tote zu beklagen. Unser sonst so stabiles Land befindet sich im Krisenmodus.

Auf der einen Seite sehen wir einen Staat, der zupackt und vieles auch im internationalen Vergleich recht gut zu gestalten versucht. Ärztinnen und Ärzte, Pflegepersonal, Mitarbeiterinnen und Mitarbeiter von Gesundheitsämtern und andere, die sich der Verbreitung der Pandemie entgegenstellen und sich um die Erkrankten kümmern: Viele Menschen sind in der Krise über sich selbst hinausgewachsen, haben Unglaubliches geleistet. Freiwillige Helfer übernahmen vielfältige Aufgaben: Für ältere und kranke Menschen wurde eingekauft, vor Pflegeheimen Musik gemacht, jede Menge Geld für Bedürftige gespendet. Viele haben ihren Nachbarn Mut gemacht. Lokale Händler wurden unterstützt. Ich denke an zahlreiche private Initiativen, die sich für andere eingesetzt haben.

Es gab verblüffende Erfolge – beispielsweise die Schnelligkeit, mit der es gelungen ist, durch internationale Zusammenarbeit neue Impfstoffe zu entwickeln. Und wir haben gemerkt, wie rasch Politik handeln kann – aber wir haben auch ein manchmal zögerliches Schwanken zwischen einem erneuten Lockdown und Öffnungen erlebt. Mit all dem ging die Enttäuschung vieler Hoffnungen einher. Die vierte Welle der Pandemie im Herbst 2021 war besonders hart.

Zahlreiche bittere Momente und schwere Stunden kommen jedem von uns in den Sinn, wenn wir an die Zeit der Pandemie denken. Aber wir dürfen im Rückblick dankbar dafür sein, dass unserem Land schlimme Situationen wie die in anderen Ländern erspart geblieben sind. Denken Sie nur an die Bilder aus Bergamo, die zeigten, wie Kolonnen von Militärlastwagen Särge mit Corona-Toten abtransportierten.

Gleichzeitig gibt es ein bisher unbekanntes Leugnen von Tatsachen und wissenschaftlichen Erkenntnissen, ein Verharmlosen von Risiken. Für mich ein bislang in dieser Form für unmöglich gehaltener Eindruck des Irrationalen, der jeden Diskurs einer bürgerlichen, offenen Gesellschaft belastet. Trotzdem gilt die Mahnung von Verfassungsrichtern wie Udo Di Fabio, mit diesen Widerständen entsprechend unserer Rechtsgrundlagen differenziert und sachlich umzugehen.

Bis Ende Dezember 2021 haben sich trotz aller Bemühungen staatlicher Stellen erst etwas mehr als 70 Prozent der Erwachsenen in Deutschland zweifach impfen lassen. Zudem stellte sich bei einigen eine gewisse Sorglosigkeit ein. Dabei denke ich an die Bilder vom Karneval im Rheinland, wo Tausende dicht an dicht feierten, ohne im Blick zu haben, dass wir längst mitten in der vierten Welle der Pandemie waren. Eine deutlich höhere Impfquote wäre schon viel früher möglich und nötig gewesen, um auch die Schwächeren unter uns zu schützen. Doch solche Solidarität, so scheint es, ist in Deutschland angesichts von Fake News und fanatisierten Überzeugungen nicht mehr möglich.

Aber das Zögern und Verweigern in Sachen Impfschutz und der verharmlosende Vergleich der Auswirkungen einer Covid-19-Erkrankung mit einer Grippe sind für mich nicht die einzigen Ungereimtheiten in der Pandemie-Zeit.

*

Wir haben durch die Pandemie zahlreiche Tote und Erkrankte zu beklagen. Vergessen wurden oft die Frauen, die vielfach die Hauptlast von Kinderbetreuung, Homeschooling und Krisenorganisation in der Familie zu tragen haben. »Kirche, Küche, Kinder«, hieß es früher – »Corona managen«, heißt es jetzt beruflich und privat.

Schon längst hätte der zweihundert Jahre währende Kampf für die politische und gesellschaftliche Beseitigung von Ungleichheit und geringer Wertschätzung der Frau, insbesondere in der Politik erfolgreicher sein können. Die Herstellung von Geschlechter-Gerechtigkeit ist notwendiger denn je – denn die Corona-Pandemie hat die Frauen zurückgeworfen.

Wir müssen feststellen: Deutschland ist, was die Frauenfrage angeht, nicht im Aufstieg, sondern in Stagnation begriffen. Das müssen wir jetzt verändern.

*

Die Corona-Pandemie mit ihren politischen und gesellschaftlichen Konsequenzen ist historisch ohne Vergleich. Hinzu kommt seit Längerem, alles überragend, die Klimakatastrophe. Unser Planet Erde ist in Gefahr.

Bereits 1972 hat der *Club of Rome,* ein Netzwerk von Wissenschaftlern, Ökonomen, Unternehmern und Diplomaten aus aller Welt, einen ersten, weltweit beachteten Bericht zur Lage der Menschheit veröffentlicht: »Die Grenzen des Wachstums«. Das Buch wurde in 30 Sprachen übersetzt und 30 Millionen Mal verkauft. Schon damals haben die Experten ein düsteres Szenario zur Zukunft der Menschheit vorgelegt. Vieles von dem, was damals aufgezeigt wurde, ist nun eingetreten: Das Ozonloch wird größer. Die Erderwärmung nimmt zu. Die Gletscher schmelzen weiter ab. Die Meeresspiegel steigen. Tornados verwüsten ganze Landstriche. Anhaltende Dürre und Überflutungen spiegeln, dass das Wetter verrücktspielt.

Die Fakten liegen auf dem Tisch und die aktuellen Erkenntnisse der Klimaforscher geben uns eine deutliche Botschaft: Wenn wir mit unseren bisherigen, nur halbgaren Bemühungen um den Klimaschutz so weitermachen wie bisher, dann wird nicht nur das 1,5-Grad-Ziel verfehlt, sondern auch die 2,0-Grad-Marke. Deren Überschreitung schätzen Wissenschaftler als katastrophal ein. Leider sieht es ganz so aus, als käme es noch schlimmer: Wir steuern bei Beibehaltung unseres bisherigen Tempos globaler

Langsamkeit schnurstracks auf eine Klimaerwärmung von 2,7 Grad bis zum Ende des Jahrhunderts zu. Ein Albtraum. Wenn dieser Fall eintritt, sind die Konsequenzen weltweit verheerend.

Wer angesichts solcher Fakten noch meint, genügend Zeit zu haben, das Unvermeidliche abzuwenden, verpasst die Signale der Zeit. Oder er kennt keine Verantwortung. Doch warum wird so wenig umgesetzt? Wollen unsere Politiker nicht wahrnehmen, dass es in zentralen Fragen schon fünf nach zwölf ist?

Viel zu lange hat man geglaubt, dass permanentes Wirtschaftswachstum die Menschen beruhigt, weil wir meinen, dass es immer so weitergeht. Und dass wir ohne Rücksicht auf Verluste die Ressourcen der Erde ausbeuten können. Erdöl, Kohle, Gas – der Verbrauch ist über die Jahrzehnte immer weiter gestiegen. Und das, obwohl längst bekannt war, wohin dies am Ende führen kann – und führen wird. Es wurde viel zu viel und zu lange diskutiert. Und es gab vonseiten der Verantwortlichen zu viele leere Versprechungen, zu viele reine Lippenbekenntnisse. Nun ist es höchste Zeit, das Ruder herumzureißen und für ein nachhaltigeres Wirtschaften zu sorgen, endlich auf alternative Energien zu setzen. Seit wenigen Monaten haben wir in Deutschland eine neue Regierung, die den Klimaschutz und die Pandemiebekämpfung in den Mittelpunkt ihres Handels gestellt hat.

Um die Gefahren abzuwehren, sind harte Entscheidungen nötig. Hat uns das die Politik schon jemals so deutlich gesagt? Wie kann es denn sein, dass wir – aufgrund eines wie auch immer getroffenen Konsenses – ein Jahrzehnt länger als nötig Braunkohle abbauen und verfeuern, obwohl wir wissen müssten, dass uns jeder Tag dem Klima-Abgrund näher bringt? Dass Interessensgruppen darum kämpfen, die in Jahrzehnten erworbenen Vorteile bis aufs Blut zu verteidigen – nur damit die eigene Klientel von Preissteigerungen oder anderen Nachteilen verschont bleibt? Wie kommt es, dass Zehntausende Stahlwerker in Berlin auf die Straße gehen, um die Koks-Produktion und Verfeuerung in ihren Hochöfen verbissen zu verteidigen – obwohl sie doch eigentlich wissen können, dass dieser Weg in eine Sackgasse führt? Sind Arbeitsplätze wichtiger als das Überleben der Welt?

Eine Energiewende ist möglich. Wir stecken mittendrin. Längst gibt es für vieles Alternativen. Es ist an der Zeit, die notwendigen Maßnahmen zu ergreifen. Entscheidend ist, ob es gelingt, die neuen Herausforderungen und Alternativen anzunehmen, auf sie zu reagieren und weitere Initiativen zu entwickeln. Es sind technische, ökonomische, soziale und ethische Probleme, die wir zu lösen haben – wenn wir überleben wollen.

Aber ich bin selbst immer wieder positiv überrascht, wie viel schöpferische Kraft in Menschen steckt. Was sie wissenschaftlich und praktisch zuwege bringen. Das führt zu echtem Staunen, verringert Zweifel und Unsicherheit, Pessimismus und Zerstörung. Wir Menschen tragen beides in uns: Genialität und Versagen, Zukunftsvertrauen und Pessimismus. Oft sind wir selbst überrascht, wie erfinderisch und problemlösend wir sein können.

Wir alle sind gefordert mitzumachen, überall auf der Welt – weil wir alle betroffen sind. Die Beispiele vieler junger, engagierter Menschen zeigen, dass Veränderung möglich ist. Jede und jeder kann etwas bewegen. Tun wir es jetzt. Denn es bleibt keine Zeit mehr, um abzuwarten.

2 // LIEGT WIRKLICH MEHLTAU ÜBER DEM LAND?

Wenn Sie einen Garten haben oder öfter draußen unterwegs sind, kennen Sie vielleicht die feinen Fäden, die die Oberfläche der Blätter überziehen. Schleichend hat sich der Mehltau ausgebreitet. Dann ist alles voll davon. Die Folge: Alles Grün vertrocknet. Ich habe einen Moment gezögert, ob ich dieses Bild wirklich verwenden soll. Aber es passt. Deutschland liegt, so scheint es mir, in zentralen Fragen der Politik derzeit wie unter einer Art Mehltau. Und manche, die eigentlich handeln müssten, wirken wie gelähmt. Denken wir nur an die zähen Übereinkünfte, welche Maßnahmen der Seuchenbekämpfung in welchem Teil des Landes unter welchen Bedingungen eingeführt werden sollten. Es gab immer wieder die verschiedensten Ansätze und Vorschläge. Einzelne Bundesländer sind mitgegangen, andere haben für sich einen Sonderweg gewählt – mit der Folge, dass die Pandemie-Bekämpfung durch die Uneinheitlichkeit der Gesetze und Regeln schwerer wurde. Denn das Virus macht an den Ländergrenzen natürlich nicht halt.

Eigentlich ist der Föderalismus eine der großen Errungenschaften unserer Demokratie. Aber er hat auch Schwächen, denn dort, wo einheitliches Handeln nötig wäre, besteht er auf seine Prinzipien. Hintergrund dafür ist die teilweise unlogische Verteilung von Kompetenzen zwischen Bund und Ländern. So entstand in manchen Kreisen der Bevölkerung der Eindruck: Es geschieht zu wenig – und das auch noch viel zu langsam. Die Politik hechelt mit ihren Entscheidungen oftmals der Pandemie nur hinterher. Und das, obwohl doch eigentlich Eile geboten wäre!

Innerhalb eines knapp halben Jahres hatten Wissenschaftler einen Impfstoff gegen die SARS-CoV-2-Viren entwickelt. Chapeau! Aber dann dauerte es längere Zeit, bis größere Teile der Bevölkerung geimpft werden konnten. Wir brauchten die Sicherheit durch Studien. Andere Länder haben deutlich schneller Fahrt aufgenommen. Erst als auch die Hausärzte impfen durften, ging es zügig voran. An manchen Tagen wurde eine halbe Million Menschen in Deutschland geimpft! Im weltweiten Vergleich hat Deutschland in Sachen Pandemie-Bekämpfung damit recht gut abgeschnitten. Doch wird diese Leistung genügend wahrgenommen und wertgeschätzt? Angesichts der Fülle weiterer Themen, die unser Land beschäftigen, fürchte ich: nicht genug. Und das wiederum verstärkt den Eindruck von Agonie, die Deutschland lähmt.

Da stellen sich bei manchen rasch Fragen: Stehen Politikerinnen und Politiker in der Gefahr, bei zu treffenden Entscheidungen zu lange zu debattieren und dabei den Elan des Machens zu verlieren? Verwalten manche am Ende nur noch die Macht?

Ich verstehe diese Fragen. Doch bei Angela Merkel verfängt der Mehltau-Vorwurf aus meiner Sicht nicht. Nein, ganz im Gegenteil: Sie hat in mehreren krisenhaften Situationen rasch und pragmatisch gehandelt und dadurch viel Unglück für die Menschen in Deutschland verhindert. Man merkt: Angela Merkel ist Naturwissenschaftlerin. Sie analysiert präzise das Problem, mit dem sie es aktuell zu tun hat. Und dann handelt sie zielgerichtet, mit dem nötigen Nachdruck und meist ohne Nebengeräusche. Ganz ohne das

Tamtam, das manche ihrer Vorgänger nur allzu gerne an den Tag gelegt haben. Angela Merkel vergaß und vergisst nie das Überlegen und Nachfragen. Hier einige Beispiele:

1. Angela Merkel und die Bankenkrise
In einem extrem mutigen Schritt trat sie mit dem damaligen Finanzminister Peer Steinbrück am 5. Oktober 2008 vor die Presse und verkündete eine umfassende Staatsgarantie für deutsche Sparer. Dieser ungewöhnliche Schritt hat das deutsche Bankensystem davor bewahrt, das Vertrauen der Bürger zu verlieren. Allen internationalen Turbulenzen zum Trotz kam die deutsche Wirtschaft mit einem blauen Auge davon. Die folgenden Jahre bescherten den Bürgern und der Wirtschaft ab 2011 stabile Zuwachsraten und einen der längsten und gewaltigsten Wirtschaftsaufschwünge in der deutschen Geschichte.

2. Angela Merkel und die Atomkraft
Als am 11. März 2011 im japanischen Küstenort Fukushima vier von sechs Reaktorblöcken nach einem Erdbeben und nachfolgendem Tsunami explodierten, traten große Mengen Radioaktivität aus. 150 000 Men-

schen mussten unverzüglich ihre Häuser verlassen. Die verheerenden Auswirkungen erinnerten an die Katastrophe von Tschernobyl genau 25 Jahre zuvor. In der Folge traf die deutsche Bundeskanzlerin eine der wichtigsten Entscheidungen ihrer Laufbahn. Wofür Hunderttausende von deutschen Bürgern seit den Siebzigerjahren gekämpft hatten, wurde nun Wirklichkeit: die Abkehr von der Atomkraft, die auch ich, ich gebe es zu, immer mit großem Unbehagen betrachtet habe. Denn bis zum heutigen Tag sind die Probleme einer Aufarbeitung oder einer sicheren Lagerung des Atommülls nicht gelöst. Wie auch?! Beispielsweise beträgt die Halbwertszeit der Strahlung des Plutoniums, das 1985 in der Ukraine freigesetzt wurde, 24 100 Jahre! Tausende von Jahren, so schätzen Mediziner, wird in den Regionen rings um Tschernobyl und Fukushima kein Mensch mehr leben können, ohne sich zu gefährden. Eine unvorstellbar lange Zeit!

Als Physikerin weiß Angela Merkel sehr genau, was radioaktive Strahlung in Bezug auf den Menschen anrichten kann – und dass trotz aller Beteuerungen der Atomkraft-Lobbyisten eine solche Technologie niemals ganz sicher ist. Denn man muss auch mit menschlichem Versagen und Naturkatastrophen wie dem Erdbeben in Japan rechnen. Dort war es letztlich eine Katastrophe mit Ansage.

Der Entschluss zum Ausstieg aus der Atomkraft, den Angela Merkel traf, war historisch. Denn jedes Weiterbetreiben deutscher Atomkraftwerke hätte ja auch die Sackgasse verlängert, in die die Politik sich durch die wachsenden Atommüll-Berge zusehends hineinmanövriert hatte. Erwartungsgemäß machten die Atomlobby und die Kraftwerksbetreiber Druck. Aber Angela Merkel hat Kurs gehalten. Für den Entschluss zum Ausstieg habe ich sie bewundert. Ich halte ihn bis heute für richtig. Aktuell hat die Diskussion darüber, ob es in Teilbereichen eine Rückkehr in die Atomkraft geben soll oder nicht, wieder neu begonnen.

Lassen Sie uns noch ein weiteres Beispiel ihrer Regierungszeit anschauen – eines, das ich im Gegensatz zu manchen Bürgern dieses Landes ebenfalls als außerordentlich wichtig und richtig ansehe.

3. Angela Merkel und die Flüchtlingsfrage

Als die Kanzlerin im Jahr 2015 vor der Entscheidung stand, die Grenzen dichtzumachen oder Migranten aufzunehmen, hat sie eine zutiefst christliche, ihrem Gewissen verpflichtete Position vertreten. Erinnern wir uns: Innerhalb weniger Wochen waren Zehntausende Menschen vor allem über die Balkanroute bis an die Grenzen Deutschlands gekommen. Die meisten kamen aus Syrien, andere aus Nordafrika, dem Irak, Afghanistan. Viele saßen zunächst in Ungarn fest.

Angela Merkel hat lange um eine gute Lösung gerungen und kam schließlich zu dem Ergebnis, die Grenzen für einige Tage zu öffnen und die Flüchtlinge einreisen zu lassen. Deren Asylanspruch, so der Plan für das weitere Vorgehen, sollte erst später geprüft werden.

Angela Merkel machte den Menschen Mut mit ihrem berühmten Satz: »Wir schaffen das.« Es war eine riesige Aufgabe, der sich die Deutschen auf allen Ebenen stellten. Insgesamt beantragten allein im Jahr 2015 fast eine Million Menschen in Deutschland Asyl. Ja, ich gebe zu: Es gab dabei an allen Ecken und Enden durchaus Probleme. Doch Angela Merkel hat mit ihrem Satz »Wir schaffen das« viele Menschen angesteckt. Die Hilfsbereitschaft in Deutschland war überwältigend. Bürgerinitiativen bildeten sich, ehrenamtlich wurden Sprachkurse organisiert und Spenden gesammelt. Viele haben bei der Betreuung und Begleitung der Flüchtlinge geholfen. Auch aus dem Ausland gab es große Anerkennung für die Entscheidung der Kanzlerin. Die *New York Times* schrieb, Deutschland habe den Flüchtlingen »eine offene Hand ausgestreckt«. Und der Sender *Al-Dschasira* berichtete, dass »Deutschland seine Türen und Grenzen geöffnet hat für all die, die Zuflucht und einen sicheren Hafen suchen«.

Doch es gab auch massive Kritik. Von Beginn an glaubten Skeptiker, dass sich Deutschland an der Aufnahme der Flüchtlinge überheben werde. Vielleicht hat deshalb kein anderer Satz von Angela Merkel die Nation so lange beschäftigt. Es fehlte in Teilen der deutschen Bevölkerung die grundlegende Erkenntnis, dass wir längst ein Einwanderungsland sind. Und es war anfangs schwierig, kurzfristig die entsprechenden Steuerungsmaßnahmen umzusetzen, die es braucht, um mit einer derart großen Menge von Menschen klarzukommen. Die Europäische Union ist bis heute nicht in der Lage, sich über die Verteilung von Flüchtlingen auf die einzelnen Länder zu einigen. Am Ende ihrer Kanzlerschaft griff Angela Merkel das Thema nochmals auf, sprach über die Probleme, die es durchaus gegeben hatte, und betonte: Trotz allem haben wir es geschafft!

Angela Merkel hat außenpolitische Entscheidungen immer mit Gelassenheit und großem Verantwortungsbewusstsein getroffen. Was oft vergessen wird: Sie gehörte zu den wenigen Politikern und Politikerinnen des Westens, die mit dem russischen Präsidenten Wladimir Putin in dessen Muttersprache verhandeln konnte. Und das tat sie selbst in schwierigsten Zeiten. Denn ihr Credo als Kanzlerin lautete: Hört nicht auf, miteinander zu reden! Zudem zeigte sich die Kanzlerin als eine hervorragende Europa-Politikerin. Helmut Kohl hat 2004 unter anderem Polen in die EU geholt. Angela Merkel hat diese Europa-Politik stets unterstützt, was manche polnischen Nationalisten allzu gerne vergessen. Sie steht mit Gelassenheit und Entschlusskraft als Leitfigur der CDU/CSU-Fraktion zudem für wichtige politische Entscheidungen in Deutschland – das Miteinander zwischen Ost und West, Fragen der Gleichberechtigung, die Gleichstellung homosexueller Partnerschaften und vieles mehr. Betrachte ich im Rückblick die Bilanz ihrer 16-jährigen Amtszeit, kann keiner sagen: Da ist nichts passiert. Im Gegenteil: Angela Merkel hat Deutschland ins 21. Jahrhundert geführt, unaufgeregt, verständnisvoll, ehrlich. Sie war als Kanzlerin stets eine Pragmatikerin, dabei vorsichtig, um nicht mehr zu versprechen, als sie am Ende halten konnte. Aber als es darauf ankam, als die Geflüchteten dringend Hilfe brauchten und viele mahnten, sich mit den zahlreichen Aufgaben nicht zu übernehmen, wusste sie aus tiefster menschlicher Überzeugung: »Wir werden es gemeinsam schaffen!«

Durch weltweite Konflikte und sich verändernde Umweltbedingungen kommt es zu riesigen Flüchtlingsbewegungen. Das fordert uns alle heraus. Dennoch sollten wir die Stimme erheben für Toleranz und Teilhabe – und gegen Misstrauen und Ausgrenzung Position beziehen.

*

Momentan hat man den Eindruck: Die Politik steckt fest. Eine gewisse Müdigkeit ist eingetreten, Resignation hat sich wie Mehltau über das Land gelegt. Wir fühlen ihn alle. Aber warum ist es so gekommen?

Nach dem Debakel, das CDU und CSU bei der letzten Bundestagswahl im Herbst 2021 erleben mussten, gestalteten sich die Koalitionsverhandlungen von SPD, FDP und den GRÜNEN überraschend geschmeidiger, als es zu Beginn aussah. Der von vielen Wählerinnen und Wählern erhoffte Ruck blieb auch nach diesen Verhandlungen aus. Stattdessen gab es mühsame Diskussionen zu Detailfragen und Kompromisse, die man eigentlich vermeiden wollte. Ja, so etwas schlägt auf die Stimmung. Zudem klingen für mich die Ideen des Koalitionsvertrages eher wie ein Plan, für den erst noch die Voraussetzungen geschaffen werden müssen. Bis heute ist nicht klar, wie eine Vielzahl dieser Projekte bewältigt werden können – vor allem was das Thema der Finanzierung angeht.

Doch die Lähmung, die wir gerade verspüren, hat meiner Erfahrung nach auch viel mit den Auswirkungen der Pandemie zu tun.

Die deutsche Politik hat auf die zahlreichen Probleme vor allem finanziellen Mitteln reagiert. Der Quell der Finanzspritzen schien gar nicht mehr zu versiegen. Das war einerseits gut und wichtig, um bestimmte Branchen, die von den Kontaktbeschränkungen besonders betroffen waren, zu unterstützen: Theater, Kinos, Museen, Kulturschaffende wie Musiker und Künstler waren in ihrer Existenz bedroht. Schwimmbäder, Sporthallen, Restaurants und vieles mehr mussten für Monate ihre Türen schließen. Der Einzelhandel hat gelitten: Bekleidungsgeschäfte, Blumenhändler, Buchhandlungen und viele andere Geschäfte. In Zulieferbetrieben standen die Räder still. Zehntausende von Unternehmen haben Kurzarbeit angemeldet. Durch die staatliche Unterstützung sind die meisten Betriebe einigermaßen gut durch die Pandemie-Zeit gekommen. Und es gab auch Krisengewinner: Manche Unternehmen haben Kurzarbeit angemeldet und am Ende Rekordgewinne eingefahren.

Das weiche Abfedern der Pandemie-Auswirkungen führte bei vielen Bürgern irgendwann zu dem Gefühl: »Es wird schon für uns gesorgt werden.«

Und das war prinzipiell gut, denn die seelischen Belastungen waren für manche ohnehin schwer zu ertragen. Doch die Rundum-sorglos-Paket-Mentalität der Politik in Corona-Zeiten hatte auch negative Auswirkungen. Denn sie schwächte die Eigeninitiative vieler Menschen.

Die Hilfen waren notwendig. Aber sie bergen auch die Gefahr in sich, dass sich Menschen auf diese Hilfen verlassen und ihre persönlichen Anstrengungen und ihre Eigenverantwortung zurücknehmen.

Angesichts zahlreicher globaler Herausforderungen, die dringend angegangen werden müssen, können wir uns nicht als passive Beobachter zurücklehnen. Damit muss Schluss sein! Es braucht ein überzeugendes Handeln. Wir alle müssen mit anpacken, um das Blatt zu wenden. Jede und jeder, so gut wir können. Und zwar, ohne lange darüber zu palavern, welche Optionen wir vielleicht auch noch zur Auswahl hätten.

Es gilt, sich aus der Erstarrung und Furcht vor der Zukunft zu befreien und aufzuhören, darauf zu warten, dass jemand anderes das Heft des Handelns ergreift.

Die Aufgaben, vor die uns der Klimawandel stellt, dazu die zunehmenden Umweltprobleme und die wachsende Migration aufgrund zahlreicher Konflikte in aller Welt – sie sind riesig. Aber Abwarten hilft nicht! Wir dürfen den Weltuntergangspropheten auf der einen Seite ebenso wenig wie den Klimaleugnern auf der anderen Seite des politischen Spektrums das Feld überlassen. Ein Leitgedanke unserer bundesrepublikanischen Gesellschaft nach dem Zweiten Weltkrieg war stets das Prinzip Hoffnung. Danach hat unsere Gesellschaft auch stets gehandelt. Ja, wir können das schaffen!

Krisen, das wissen wir, sind zugleich immer ein Antrieb für die Suche nach neuen Lösungen. Während meiner Zeit im Kabinett der deutschen Bundesregierung, vor 35 Jahren, hatten wir es weltweit mit einer neuartigen Krankheit zu tun. In den USA hatten Ärzte 1981 das erste Mal über das Auftreten der Immunschwäche-Krankheit Aids geschrieben. Ein Jahr später gab es die ersten Fälle in Deutschland. Aber als ich 1985 mein Amt als Bundesministerin für Jugend, Familie und Gesundheit antrat, spielte Aids in der Gesundheitspolitik hierzulande schon eine große Rolle. Doch dann überrollten uns die Entwicklungen.

An meinem 50. Geburtstag, am 17. Februar 1987, steckte die CDU/CSU-Fraktion mitten in Koalitionsverhandlungen mit der FDP. Morgens gegen halb zwei haben wir über Maßnahmen gegen Aids beraten.

Es gab große Angst vor einer unkontrollierten Ausbreitung und wenig Mitleid gegenüber Infizierten, vor allem Homosexuellen und Drogenabhängigen. Schnell waren auch heterosexuelle Menschen und Bluterkranke betroffen, die sich durch Blutkonserven angesteckt hatten. Die Fallzahlen stiegen und stiegen. Innerhalb kürzester Zeit waren zahlreiche

Tote zu beklagen. Peter Gauweiler von der CSU plädierte für Zwangstests, wollte Aids-Kranke separieren, im Zweifelsfall sogar in Heimen »wegsperren«. Ich setzte auf Prävention durch Aufklärung und eigenverantwortliches Handeln. Stigmatisierung und Ausgrenzung der Betroffenen kamen für mich nicht infrage.

In dieser Nacht hatte ich keine Chance, mein Konzept durchzusetzen. Zwei Dinge habe ich damals gelernt: dass man sich manchmal wie ein Maulwurf unter der Erde verkriechen muss, bis der Sturm vorüber ist, um dann wiederaufzutauchen. Und dass Erkenntnisse – »so wichtig sie sind« – alleine nichts bringen. Man muss die Menschen für ein bestimmtes Konzept gewinnen. Es braucht Überzeugung, nicht Zwang. Im November 1987 habe ich eine Aufklärungsbroschüre an alle deutschen Haushalte verteilen lassen. Ich war davon überzeugt: Wer um die Gefahren einer HIV-Infektion weiß, wird sich anders verhalten und sich und andere schützen.

Letzten Endes habe ich das mit meinem Team und der Hilfe vieler Unterstützer erreicht: Die Aufklärung wirkte, die Zahl der Neuinfizierten ging zurück, und bis heute gibt es eine menschenwürdige Aids-Politik in Deutschland. Diese Auseinandersetzung mit Aids, die so aussichtslos schien wie nur irgendetwas, hat mir das erste Mal gezeigt: Veränderung ist doch möglich. Aids hat viel bewegt. Hat gezeigt, dass Sexualität zum Menschen gehört und nicht staatlich kontrolliert werden kann. Und dass Prävention tatsächlich wirkt. Das Land hat gelernt, mit der Krankheit zu leben. Ohne eine starke Zivilgesellschaft hätten wir es nicht geschafft. Gelernt wurde auch, sachlich und menschlich über Sexualität zu sprechen, die Tabuisierung zu durchbrechen sowie sexuelle Gewalt und Unterdrückung zu überwinden. Veränderung zum Besseren braucht neues Wissen, alternatives Sehen, Denken und Handeln. Es befreit, erweitert, ermöglicht mehr Eigenverantwortung und Selbstbestimmung.

Doch kann man die Situation damals und heute wirklich miteinander vergleichen? Ich sage Ja. Es sind unterschiedliche Rahmenbedingungen, aber dieselben Fragen und die gleiche Unsicherheit, die uns auch in der Covid-19-Pandemie umgetrieben hat: Wie wird das Virus übertragen? Wie gehen wir mit Erkrankten um, was kann helfen? Finden wir einen Impfstoff? Was sind die Spätfolgen einer Erkrankung?

Natürlich sind beide Krankheiten mit Blick auf ihre Übertragung und ihre Behandlung grundsätzlich unterschiedlich zu sehen. Bis heute gibt es keinen wirksamen Impfstoff gegen Aids. Dafür konnte die Wissenschaft bei dieser Krankheit mittlerweile wirksame Behandlungsmethoden entwickeln. Kein Mensch muss heute mehr an Aids sterben. Bei Corona haben wir eine etwas andere Situation: Hier verfügen wir nun über wirksame Impfstoffe. Aber bei der Behandlung gilt es weiterhin gute Therapien zu entwickeln.

Damals wie heute geht es immer darum, die Menschen in ihren Fragen mitzunehmen. Wenn Behörden heute Corona-Schutzregeln ausarbeiten und per Dekret veröffentlichen und sich womöglich darin wegen allzu vieler ungeklärter Fragen auch noch widersprechen, dann hat das verheerende Auswirkungen auf die Glaubwürdigkeit der Politik. Was wir in der Pandemie-Zeit viel zu wenig bedacht haben, ist die Tatsache, dass Kommunikation nur dann wirklich funktioniert, wenn Herz und Verstand gleichermaßen angesprochen werden. Nur ein Beispiel: Die Präventionskampagnen zu Aids haben deshalb vor dreieinhalb Jahrzehnten in der Breite so gut funktioniert, weil Prominente und Nicht-Prominente ganz persönlich dafür eingetreten sind – weil sie Gefühle gezeigt haben. Das kann Menschen dabei helfen, das Gefühl ihrer eigenen Ohnmacht zu verlieren. Zumal dann, wenn sie verlernt haben, sich miteinander konstruktiv auseinanderzusetzen.

In einem Interview mit dem *Spiegel* habe ich kürzlich gesagt, dass meiner Meinung nach vielen Menschen grundsätzlich das Interesse fehlt, auch die Wahrheit eines anderen erfahren zu wollen. Auf gut Deutsch: Wir reden miteinander – aber jeder möchte mit seinem eigenen Interesse dominieren. Und wir sind an der Meinung des anderen gar nicht mehr interessiert!

Als ich noch ein junges Mädchen war, sagte mein Vater immer zu mir: »Bedenke, Rita, auch der andere könnte recht haben!«

Das Entsetzen in meiner Partei war in der Regel groß, wenn ich immer wieder einmal zu dieser Sichtweise aufrief – sei es bei dem Thema Aids, in den Debatten zur Migration oder wenn es um die spektakuläre Verhüllung des Reichstags durch das Künstlerehepaar Christo ging.

In all den Jahrzehnten, die ich in der Politik tätig bin, ist mir aufgefallen, wie schwer es Menschen fällt, sich auf andere Sichtweisen einzulassen. Dafür gibt es meiner Erfahrung nach historische Gründe. Wichtig scheint mir vor allem einer: In der Bundesrepublik haben wir gelernt, das Individuum zu stärken, weil wir aus den dunklen Jahren der kollektivistischen Naziherrschaft zu Recht gelernt hatten, dass eine offene Gesellschaft charakterstarke Persönlichkeiten braucht. Wir haben seit dem Wirtschaftswunder zudem auf Wohlstand gebaut, weil die Politik meinte, wenn jeder Einzelne nur gut leben kann, dann kommt der Zusammenhalt in der Gesellschaft schon von allein.

Aber so funktioniert das nicht. Ich beobachte mit Sorge, dass es zu viele Menschen gibt, die ich als »Selbstversicherer« bezeichne. Sie wollen kein Risiko eingehen, klammern sich am Hergebrachten fest und misstrauen allem, was für sie fremd und neu ist. Dieses Denken ist lange in unserem Lande gefördert worden.

Nur damit es kein Missverständnis gibt: Ich halte viel von sozialer Marktwirtschaft. Was uns auszeichnet ist die Verbindung von freier und sozialer Marktwirtschaft. Beide gehören zusammen. Es geht heute darum, das Verhältnis von Eigenverantwortung und staatlicher Verantwortung in der Balance zu halten.

Zu Recht fragte Bismarck, in welchen Situationen der Mensch an die Grenzen der Eigenverantwortung gerät. Welche Sicherung er im Alter, bei Krankheit und Arbeitslosigkeit braucht. Es ist nicht gut, wenn der Staat sich zu sehr in die Lebensbelange des einzelnen Bürgers einmischt. Da hätte ich gerne ein bisschen mehr Rückbesinnung auf das Subsidiaritätsprinzip der christlichen Soziallehre, das ja besagt: Regelt die Dinge dort, wo sie entstehen – und delegiert nicht alles nach oben. Das Subsidiaritätsprinzip sollte erhalten bleiben. Als Pädagogin weiß ich: Zu viel Fürsorge lähmt die Eigeninitiative. Und so legt sich Mehltau über das Land. Aber das ist in unserer augenblicklichen Situation das Letzte, was wir brauchen! Denn wir haben keine Zeit mehr, abzuwarten!

Der Staat ist so gut, wie seine Bürger aktiv und beteiligt sind. Nimmt er den Menschen Verantwortung ab, mag sich das zuerst wie ein Geschenk anfühlen. Aber es birgt die Gefahr, dass man sich zu sehr auf den Staat verlässt – und nicht mehr der eigenen Kraft vertraut. Ich sehe mittlerweile, wie überall das Anspruchsdenken wächst. Viel sinnvoller ist es dagegen, wenn wir als Gemeinwesen eine Umgebung schaffen, die Eigeninitiative fördert, Wachstum der Persönlichkeit zulässt und belohnt: mithilfe guter Kitas und Schulen, durch sinnvolle Betreuungsangebote und vielfältige Qualifikationsmöglichkeiten. Die Bürger müssen sich selbst ermächtigen können. Sonst werden sie zu hilflosen, ohnmächtigen Wesen.

*

Ich habe fünf Enkelkinder. Und ich möchte, dass sie in eine Welt hineinwachsen, in der es sich lohnt zu leben. Deshalb müssen wir den Mehltau, wo immer wir ihn finden, abschütteln. Und auch einmal auf die radikalen Ideen der Jungen horchen, die oft gar nicht so wild sind, wie wir ihnen unterstellen, im Gegenteil: Sie haben einen sehr realistischen Blick darauf, was passieren wird, wenn wir so weitermachen. Als Großmutter freue ich mich daran, gemeinsam mit jungen Menschen, die meine Enkel sein könnten, für eine Veränderung zum Guten zu kämpfen. Ich weiß, ich werde sicherlich wieder einmal ausgelacht, wenn ich sage: Ich habe Vertrauen in die Menschen. Ich vertraue darauf, dass wir es gemeinsam schaffen!

Unglaublich, was Kinder sich einfallen lassen, um mit etwas zu spielen, wenn sie kein Geld haben, um sich Spielzeug zu kaufen. Schauen wir uns an, was solche Kinder aus dem Nichts für Möglichkeiten entwickeln. Von ihnen können wir lernen.

    Es geht um unser aller Überleben.

3 // KLIMAWANDEL: LÄNGST EIN FAKTUM

Wir alle haben die schrecklichen Bilder vor Augen: Autos, Gastanks, Weinfässer und vieles mehr werden durch die Straßen geschwemmt, Menschen stehen auf den Dächern ihrer Häuser und rufen um Hilfe. In der Nacht vom 14. auf den 15. Juli 2021 fallen in Rheinland-Pfalz und Nordrhein-Westfalen – den beiden am schlimmsten betroffenen Bundesländern – innerhalb von 24 Stunden 100 bis 150 Liter Regen pro Quadratmeter. Mehr als normalerweise im ganzen Monat. Infolge des Starkregens kommt es zu Sturzfluten und massiven Überschwemmungen. Am Morgen nach der Flut sind komplette Landstriche verwüstet, im Ahrtal werden 766 Verletzte gezählt, 180 Tote sind bundesweit zu beklagen. Zudem sind Sachschäden in Milliardenhöhe entstanden. Die Flutkatastrophe hat auch uns Deutschen gezeigt, wie schnell es gehen kann, dass wir als Gesellschaft von einem auf den anderen Moment die Kontrolle verlieren. Expertinnen und Experten rechnen wegen des Klimawandels mit einer Häufung derartig extremer Wetterereignisse. Aber, Hand aufs Herz: War uns solch ein Risiko nicht längst bekannt? Seit den 1950er-Jahren, spätestens seit den Veröffentlichungen des *Club of Rome* reden wir von der Notwendigkeit, mit der uns anvertrauten Erde besser umzugehen. Jetzt wird vielen klar: Es wird eng. Es muss dringend etwas geschehen, damit unser Planet überleben kann. Und es kommt darauf an, wie schnell wir es anpacken. Eines muss dabei von Anfang an allen bewusst sein: Ohne Opfer, ohne Einschränkungen, ohne Verzicht auf lieb gewonnene Gewohnheiten für jeden Einzelnen wird es in Zukunft nicht gehen.

»How dare you?« – »Wie könnt ihr es wagen?« So prangerte die schwedische Umweltaktivistin Greta Thunberg beim *Climate Action Summit* der Vereinten Nationen unverblümt die Regierungschefs aus aller Welt an. Der Vorwurf der Aktivistin: Mit leeren Worten statt wirksamem Klimaschutz rauben sie den Kindern die Zukunft. Daran besteht kein Zweifel mehr – Wissenschaftler aus aller Welt schlagen Alarm. Brauchen wir noch mehr Menetekel an der Wand, um zu begreifen, dass die Politik jetzt endlich handeln muss? Wir können es uns schlicht nicht mehr leisten, weiterhin im Rahmen von Schönwetter-Kongressen vermeintliche Umweltkompromisse auszubaldowern, die weder der Natur noch dem Menschen dienen.

*

Wissenschaftler rund um die Welt, das Umweltbundesamt, das Potsdam-Institut für Klimaforschung, der Weltklimarat IPCC, der BUND, NABU, Greenpeace und Oxfam – egal welche Organisation, welche wissenschaftliche Institution man befragt: Die Prognosen sind düster. Es gibt auch für mich als wissenschaftlich geschulten Menschen angesichts aller Belege keinen Zweifel: Mit Blick auf die Notwendigkeit, dem Klimawandel Einhalt zu gebieten, ist es bereits fünf nach zwölf. Wer heute noch propagiert, der menschengemachte Klimawandel, den wir seit Jahrzehnten wahrnehmen, sei eine bloße Laune der Natur, verschließt die Augen vor wissenschaftlich begründbaren Erkenntnissen und empirisch wahrnehmbaren Tatsachen rund um unseren Globus. Diese Veränderung hat Auswirkungen auf sämtliche Weltregionen. Die Polkappen schmelzen immer schneller ab. Die Gletscher verschwinden. Der Meeresspiegel steigt. Die Hitzetage werden immer häufiger. Einst wertvolles Ackerland versteppt zu einer Staubwüste. Der Grundwasserspiegel sinkt – auch in Deutschland. In einigen Weltgegenden häufen sich extreme Wetterereignisse und zunehmender Niederschlag, während andernorts dort nie gekannte Hitzewellen und Dürren auftreten und Menschen, Tieren und Pflanzen zusetzen.

Ich beziehe mich auf die Ergebnisse vieler Klimastudien. Dabei muss ich feststellen: Mit einem ungebremsten weiteren Wandel nehmen wir uns selbst unsere Lebensgrundlage. Die Fakten sprechen eine deutliche Sprache – und das schon ziemlich lange. Nur vier Beispiele greife ich heraus: In Deutschland stellen wir seit 1961 eine bis zu drei Wochen frühere Blütezeit bei unseren Pflanzen fest. Seit dem Jahr 1951 verzeichnen die Meteorologen hierzulande mittlerweile 196 Prozent mehr Hitzetage über 30 °C. Der Meeresspiegel in Cuxhaven ist seit dem Jahr 1843 um 42 Zentimeter angestiegen. Auch die Durchschnittstemperaturen steigen – in Deutschland seit 1881 um 1,6 °C.

Die Hitzewellen, die wir in einigen der letzten Sommer zu ertragen hatten, sind nur ein Vorbote dessen, womit wir in Zukunft rechnen müssen. Schon heute treten Extremwetterlagen in Deutschland zwei- bis dreimal so häufig auf wie noch 1980 – wegen des Klimawandels. Es wird wohl noch heftiger werden: In 30 Jahren, so haben es Wissenschaftler kürzlich vorgerechnet, dürfte in Berlin das Klima des australischen Canberra herrschen – mit jährlichen Maximaltemperaturen, die über 6 °C höher liegen als heute. In Oslo wird es bis 2050 so warm sein wie heute in Bratislava, und in Madrid so heiß wie heute im marokkanischen Fez. Dessen Maximaltemperaturen wiederum werden den Modellrechnungen zufolge im Jahr 2050 über 7 °C höher liegen als heute.

*

Tatsächlich gibt es auch eine Reihe von natürlichen Ursachen, die das globale Klima beeinflussen können. Dazu gehören die Sonnenzyklen, die Tätigkeit von Vulkanen oder die sich im Laufe der Jahrtausende verändernde Erdumlaufbahn. Aber die Forschung ist sich bei der Betrachtung aller jetzigen Fakten einig:

Die Erde wird wärmer, und das Klima wandelt sich vor allem durch den Einfluss des Menschen. Das Ganze geschieht schneller als jemals zuvor in der Geschichte der Menschheit. Treiber dieser Verschlechterung ist die Industrialisierung. Sie setzte von Anfang an auf den fossilen Brennstoff Kohle. Später kamen das Erdöl und dann das Erdgas hinzu. Das Ergebnis sehen wir nun deutlich: Das 20. Jahrhundert war das wärmste der letzten eintausend Jahre. Am stärksten hat sich die Erde seit den Zwanzigerjahren des letzten Jahrhunderts erwärmt. Die industrialisierte Massentierhaltung und Landwirtschaft, die Rodung von Regenwäldern, der stetig steigende Verkehr zu Lande, zu Wasser und in der Luft sowie die Energiewirtschaft sind die wesentlichen Treiber.

Schon jetzt hat die weltweite Durchschnittstemperatur seit dem Beginn der Industrialisierung 1880 um rund 1,2 °C zugenommen. In Deutschland sind es, wie gesagt, sogar 1,6 °C. Allein in den vergangenen 50 Jahren haben sich die extremen Wetterereignisse in Deutschland mehr als verdreifacht. Das bedeutet: Extreme Hitze und Trockenheit, Starkregen, Stürme und Überschwemmungen haben deutlich zugenommen. Sie bedrohen zunehmend den Menschen – auch in unseren Breiten, in denen wir uns eigentlich viele Jahrzehnte lang von Naturkatastrophen weitgehend verschont wähnten. Wirbelstürme? Überschwemmungen? Brände? Das gab es doch immer nur woanders. Bislang.

Zahlreiche internationale Studien belegen, dass menschengemachte Treibhausgase den Klimawandel verursachen. Der Weltklimarat der Vereinten Nationen (IPCC) legt dazu regelmäßig seine Berichte vor. Am letzten IPCC-Bericht waren Hunderte Klimaexpertinnen und -experten beteiligt. Sie bestätigen eindeutig, dass Menschen den entscheidenden Anteil am Klimawandel haben.

*

Die größte Menge des Treibhausgases stellt das CO_2. Es entsteht vor allem beim Verbrennen von Kohle, Öl und Gas, also fossilen Brennstoffen, zur Gewinnung von Energie. CO_2 entsteht aber auch durch großflächiges Abholzen von Wäldern. Die höhere Konzentration von Treibhausgasen – ich referiere auch hier wieder die Erkenntnisse von Wissenschaftlern – in der Atmosphäre führt dazu, dass sich die unteren

Luftschichten erwärmen, und verstärkt damit zusätzlich den Klimawandel. Seit Beginn der Industrialisierung ist die absolute CO_2-Konzentration enorm gestiegen: Sie beträgt insgesamt etwa 44 Prozent mehr als in den vorangegangenen 10 000 Jahren.

Die wesentliche Ursache für den Klimawandel, daran besteht keinerlei Zweifel, ist der Verbrauch fossiler Energien wie Kohle, Öl und Gas. Darunter ist Kohle mit Abstand am klimaschädlichsten. Kohlekraftwerke sind für einen Großteil des weltweiten Ausstoßes von klimaschädlichem CO_2 verantwortlich. Mit über 1000 Gramm Kohlendioxid-Emissionen bei der Erzeugung einer Kilowattstunde (kWh) Strom entsteht bei der Verbrennung von Braunkohle mit Abstand am meisten CO_2 im Vergleich zu klimafreundlichen Alternativen wie der Nutzung der Solar- und Windenergie. Auch Strom aus Steinkohle belastet mit rund 900 Gramm CO_2 pro kWh die Klimabilanz schwer. Der Anteil der Kohleverstromung muss daher stark gedrosselt werden, damit deutsche und internationale Klimaziele überhaupt noch irgendwie erreicht werden können. Der Kampf gegen den Klimawandel erfordert also – wie Organisationen wie etwa Oxfam feststellen – eine umfassende Transformation der Energiesysteme; weg von fossilen Energien, hin zu klimafreundlichen erneuerbaren Energien. Dies verlangt vor allem den zügigen Ausstieg aus der besonders klimaschädlichen Kohleverstromung.

Seit den 1950er-Jahren steigt die Menge an CO_2 jedes Jahr durchschnittlich um das Vierfache. Auch die Konzentration anderer Treibhausgase, die das Klima schädigen, hat sich deutlich erhöht, wie zum Beispiel Methan oder Lachgas. Diese beiden Substanzen entstehen in der intensiven Landwirtschaft durch die Massentierhaltung.

Gleichzeitig verschwinden natürliche Landschaften wie Wälder oder Moore, die gut dazu geeignet sind, Treibhausgase aufzunehmen. Sie werden immer weniger, weil der Mensch sie für seine Zwecke nutzt: Flächen werden versiegelt, Moore ausgetrocknet und Wälder gerodet.

Daraus wird klar: Wir können nicht so weitermachen wie bisher. Ein ungebremster Klimawandel hätte katastrophale Folgen. Schon jetzt sind wir so weit in der Spirale der Erwärmung, dass wir den Hitzestau auf der Erde nur noch auf ein Minimum begrenzen können. Die gute Nachricht dabei lautet: Der Wandel in eine Gesellschaft, die ohne neue Treibhausgase auskommt, ist technisch möglich. Aber sie muss von der Gesellschaft, der Politik, der Wirtschaft mitgetragen werden. Alle diese Fakten zeigen: Die Behauptung, dass tiefgreifende Veränderungen in unserem Leben, beim Arbeiten, Produzieren und Konsumieren sowie in unserer Freizeit nicht notwendig wären, ist ein Trugschluss.

Es ist anzunehmen, dass die Forschung auch in Zukunft immer weitere Erfolge in der Technik erzielt, die uns neue Chancen für den Klimaschutz geben können. Aber wir können nicht darauf vertrauen und einfach zuwarten. Wir müssen jetzt handeln – und beides tun: jetzt rasch aus der CO_2-Produktion aussteigen. Die Menge der Emissionen drastisch drosseln. Und gleichzeitig die erneuerbaren Energien energisch vorantreiben und weitere zusätzliche umweltfreundliche Techniken entwickeln. Wie kann das gehen?

Oft höre ich den Einwand: »Aber das wird doch Arbeitsplätze kosten!« Meine Antwort lautet: Ja, in manchen Bereichen wird das so sein. Dort, wo wir uns von alten Technologien verabschieden müssen, wird das Arbeitsplätze kosten. Darum sollten wir nicht herumreden. Aber schon jetzt bietet Klimaschutz für die Wirtschaft auch Chancen. Es entstehen neue Produkte und ganze Industriezweige – und damit gute Geschäfte. Gerade in unserem Land sind Umwelt- und Klimatechnologien mittlerweile ein bedeutendes Standbein der Industrie. Sie tragen mit vielen Arbeitsplätzen zur Beschäftigung bei. Eine umweltfreundliche Industrieproduktion, die natürliche Energiequellen nützt und damit die Umwelt schont, ist die Voraussetzung für eine stabile wirtschaftliche Entwicklung. Bereits 2017 waren rund 1,5 Millionen Menschen hierzulande für den Klimaschutz tätig, das ist etwa jeder dreißigste Berufstätige. Investitionen in den Klimaschutz sind ökonomisch sinnvoll, um den Anschluss an weltweit entwickelte Technologien nicht zu verpassen. Gleichzeitig ist Klimaschutz ein Markt, der künftig noch weiterwachsen und neue Arbeitsplätze schaffen wird – beim Bau von Fotovoltaikanlagen, beim Verlegen von Stromtrassen, bei der Nutzung von Wasserstoff-Technologie, bei der Errichtung von Offshore-Windparks und vielem mehr. Da bin nicht nur ich mir sicher!

*

Bisher wurde das Ende der Kohleverstromung für das Jahr 2038 festgelegt. Das scheint mir eindeutig zu spät. Rechnen wir nur die Menge an CO_2 hoch, die Jahr für Jahr aus dieser Energiequelle allein in Deutschland in die Atmosphäre geblasen wird, so wird klar: Wir brauchen einen früheren Ausstieg, wenn wir den Temperaturanstieg bremsen wollen! Bis zum Jahre 2038 warten zu wollen, scheint mir angesichts der Menge der Emissionen schlicht unverantwortlich.

An dieser Stelle möchte ich zunächst noch einmal auf die deutsche Wiedervereinigung zurückschauen. Wirtschaftlich ist sicherlich vieles geglückt, menschlich nicht. »Blühende Landschaften« waren den Menschen im Osten, die sich ihre Freiheit mutig erkämpft hatten, versprochen worden. Das, was allerdings dann in der Realität kam, war erst einmal ein Kahlschlag. Tausende von Betrieben wurden »abgewickelt«, Millionen von Menschen in die Arbeitslosigkeit entlassen, ohne eine echte Perspektive für die Zukunft zu haben.

Auf diesem Wege des sogenannten Strukturwandels im Osten hat die Politik viele Menschen »verloren«. Wir haben sie schlicht nicht mitgenommen, sie allein gelassen. Statt ihnen zu zeigen und zu sagen, dass jede und jeder gebraucht wird, wurden viele in eine Ecke geschoben.

Das sollte Politikern eine Mahnung sein, wenn sie rasante Pläne verfolgen, wie zum Beispiel den Kohleausstieg schon 2030 anstatt 2038 bewältigen zu können. Denn es geht hier nicht nur um Geld, sondern um Tausende von Lebensperspektiven. Deshalb ist die Frage wichtig: Was geschieht mit den Arbeitsplätzen in der Lausitz und im Rheinischen Braunkohlerevier? Gerade mit Hinweis darauf wird ja zurzeit argumentiert, wenn Vorschläge kommen, die Kohleverstromung früher als 2038 einzustellen. Ja, das ist ein Argument. Doch man muss es in größerem Zusammenhang sehen. Denn es wird versucht, zwei unvergleichbare Größen miteinander in Beziehung zu setzen und damit politisch zu instrumentalisieren. Auf der einen Seite: Arbeitsplätze. Und auf der anderen: die globale Klimakatastrophe.

Nach Angaben des Bundesverbandes Braunkohle hängen am Kohleabbau im Lausitzer Revier unmittelbar rund 8600 Arbeitsplätze, im Mitteldeutschen Revier nochmals knapp 2400 Jobs. 11 000 Arbeitsplätze sind wahrlich kein Pappenstiel. Doch was bedeutet es im deutschen und im globalen Maßstab? Wagen wir unerschrocken eine Modellrechnung: Gäbe man jedem der in diesen Bergbaugebieten Tätigen eine monatliche Ersatzzahlung in Höhe von 3000 Euro – das wäre mehr als drei Mal so viel wie eine deutsche Netto-Durchschnittsrente –, kämen im Monat 33 Millionen Euro an Zahlungen zusammen, in einem Jahr rund 400 Millionen Euro. Würde man diese Rente acht Jahre zahlen – vom nun angedachten, vorgezogenen Ende im Jahr 2030 bis zum ursprünglich vorgesehenen Jahr der Schließung 2038 –, dann müsste eine Summe von 3,2 Milliarden Euro aufgebracht werden. Diese Summe hätte natürlich der Steuerzahler zu bewältigen.

Wie hoch aber ist die Summe der nationalen und globalen Schäden, die acht weitere Jahre Braunkohleverstromung anrichten würden? Sie dürfte bei Weitem höher liegen als die 3,2 Milliarden Euro aus dem Staatshaushalt, mit denen die Braunkohle-Produzierenden alimentiert würden. Meiner Meinung nach sollten die Menschen in den Braunkohlerevieren dieses Geld dafür nutzen, umzuschulen und mit weniger Druck neue Arbeit zu finden oder sich auf die vielleicht bevorstehende Rente zu freuen. Verrückt, diese

Idee? Mag sein. Aber wir müssen beginnen, auf ungewöhnliche Herausforderungen ungewöhnliche Antworten zu finden. Immerhin geht es darum, die Welt zu retten. Nicht nur als Spruch. Sondern mit Taten.

*

Wir haben sie doch, die verschiedenen Instrumente, mit denen wir als Politik Lenkungswirkung ausüben können! Wir können alle miteinander etwas tun für den Strukturwandel in der Lausitz oder am Niederrhein. Wir können den Menschen dort helfen, andere Erwerbsmodelle aufzubauen als die Braunkohleförderung – etwa in der Umwelttechnik, in der Elektromobilität oder der IT. Auch das ist ein wichtiger, ein nötiger Schritt in eine CO_2-neutrale Energieversorgung. Ebenso sind Mittel wie die Förderung von modernen Heizanlagen, Unterstützungen für Solarkollektoren, der Zuschuss beim Kauf von E-Autos oder die Selbstverpflichtung verschiedener Industriezweige ein möglicher Teil einer Lösung. Es sind viele kleine Schritte, die wir gehen müssen. Wir müssen nur endlich anfangen, sie umzusetzen.

Was ist nun die Schlussfolgerung aus diesen erschreckenden Erkenntnissen der Wissenschaft? Nun, das ergibt zusammengenommen eine ganz einfache Rechnung: Damit Deutschland bis zum Jahr 2030 die angestrebten 65 Prozent der Treibhausgasemissionen im Vergleich zu 1990 einspart, müssen alle Teile der Gesellschaft, der Wirtschaft und des Verkehrs ihren Beitrag leisten. Durch weniger Kohle und mehr erneuerbare Energien sollen 358 Mio. Tonnen CO_2 eingespart werden. Der Ausbau der Elektromobilität soll weitere 79 Mio. Tonnen einsparen. Auch die Industrie muss ihre Emissionen um 166 Mio. Tonnen senken. Mehr Ökolandbau und Waldschutz tragen zu Einsparungen von 34 Mio. Tonnen bei. Energieeffiziente Gebäude sollen einen Beitrag von 143 Mio. Tonnen leisten. So weit die Pläne. Aber werden sie umgesetzt?

*

Die Folgen des Klimawandels treffen heute schon besonders Menschen in armen Ländern, die selbst am wenigsten zu der sich anbahnenden Katastrophe beigetragen haben. Nein, es gibt nichts mehr zu leugnen:

Dürren, Stürme und Überschwemmungen nehmen zu. Menschen verlieren ihr Hab und Gut, Trinkwasser wird knapp, Ernten werden vernichtet, die Preise für Nahrungsmittel steigen. Armut und Hunger verschärfen sich. Das Entwicklungsprogramm der Vereinten Nationen (UNDP) schätzt, dass bis 2080 rund 600 Mio. Menschen allein wegen des Klimawandels unter Hunger leiden werden. Die Folgen mag man sich gar nicht vorstellen. Schon vor über zehn Jahren hatte UNDP davor gewarnt, dass die planetare Überhitzung ganze Gesellschaften im globalen Süden überfordern und unter der Last von Ernteausfällen, wiederkehrenden Katastrophen und dem Meeresspiegelanstieg zusammenbrechen lassen könnte. Ganze Landstriche werden dann unbewohnbar, wegen Hitze und Trockenheit oder weil sie im Meer versunken sind. Es sind insbesondere die schleichenden Veränderungen, die den Menschen nach und nach die Lebensgrundlagen zerstören: der steigende Meeresspiegel und steigende Temperaturen, die allmähliche Versalzung von Böden und Grundwasserreserven, unberechenbare Niederschläge oder das allmähliche Austrocknen des Landes. Sie erschweren die oft ohnehin prekären Bedingungen für Millionen

Menschen weiter. Auch bei einem vergleichsweise moderaten Klimawandel dürfte der Welt Anbaufläche für Nahrungsmittel verloren gehen, die etwa dem Doppelten der landwirtschaftlichen Nutzfläche Europas entspricht. Eine gerechte Welt ohne Armut wäre dann eine unerreichbare Utopie.

Am schwersten betroffen sind die, die nichts zur Krise beitragen – zum Beispiel Kleinbäuerinnen in Afrika oder an den Küsten Asiens. Ihnen fehlen auch die Ressourcen, um sich an die Veränderungen anzupassen.

Diese Ungerechtigkeit droht sich weiter fortzusetzen. Kürzlich warnte Philip Alston, UN-Sonderberichterstatter für extreme Armut und Menschenrechte, vor einer aufkommenden Klima-Apartheid, bei der privilegierte Schichten sich dank ihres Wohlstands vor Wetterextremen, Hunger und Konflikten einigermaßen schützen können, während der Großteil der Menschheit der Wucht des Klimawandels ausgesetzt sein wird.

Dagegen würde ein durchdachtes ökologisches Wirtschaften zu mehr sozialer Gerechtigkeit führen. Denn sowohl in Deutschland als auch weltweit schadet der Klimawandel ärmeren Menschen stets deutlich mehr als wohlhabenderen. Der Weltklimarat (IPCC) bezeichnet den Klimawandel sogar als »Armutsverstärker«.

Die Schäden eines ungebremsten Klimawandels senken das Wirtschaftswachstum.

Bereits jetzt sind einige Folgen des Klimawandels nicht mehr umkehrbar, und wir können uns lediglich anpassen. Umso wichtiger ist es, die menschengemachten Treibhausgasemissionen so schnell wie möglich erheblich zu reduzieren. Denn langfristig sind die Kosten des Klimaschutzes deutlich geringer als die einer ungebremsten Erderwärmung.

Doch ich muss, wohin ich auch schaue, feststellen: Der Ausbau der erneuerbaren Energien geht in Deutschland viel zu langsam voran. Ja, er wurde unter der letzten Bundesregierung sogar noch ausgebremst. Denken wir dabei nur an die hanebüchenen Abstandsregelungen, die für Windräder aufgestellt wurden – mit dem Ziel, dass in ganzen Landstrichen kein einziges Genehmigungsverfahren mehr Aussicht auf Erfolg haben konnte! So macht falsche Politik unsere Zukunftschancen zunichte – ja, das müssen sich die Verantwortlichen ohne Wenn und Aber ins Stammbuch schreiben lassen!

Beim Verkehr ist der Klimaschutz bislang ebenfalls eine Nullnummer. Und auch bei der Gebäudesanierung wurden bislang alle angestrebten Ziele verfehlt. Zudem geht es in der Landwirtschaft zu langsam voran. Der Ausstieg aus der klimaschädlichen Kohle bis 2038 wurde zwar innerhalb Deutschlands als Erfolg gefeiert – doch der späte Termin hat einen Haken: für einen realistischen Beitrag zur Umsetzung des Pariser Abkommens müsste der Abschied von der Kohle eigentlich schon bis 2030 vollzogen sein. Aktuell wird in der EU darüber gestritten, ob die Atomkraft zu den nachhaltigen Energien gerechnet werden kann. Darüber soll im EU-Parlament abgestimmt werden. Es zeichnet sich ab, dass eine Mehrheit einem solchen Antrag zustimmen würde. Deutschland hält momentan an seiner Entscheidung, zukünftig auf Atomkraftwerke zu verzichten, fest.

Umweltverbände machen auf ein bemerkenswertes Faktum aufmerksam: Weltweiter Klimaschutz kann nur funktionieren, wenn auch Deutschland seinen Anteil daran erbringt. Denn der Pro-Kopf-Ausstoß an Treibhausgasen ist in Deutschland doppelt so hoch wie der weltweite Durchschnitt. Und unter den Ländern mit den höchsten Kohlendioxidemissionen liegt

Deutschland derzeit weltweit an sechster Stelle. Blickt man dabei in die Vergangenheit zurück und betrachtet man zusätzlich die historischen Emissionen, kommt Deutschland unter den Klimasünderländern sogar auf Platz vier. Das halte ich für eine extrem negative Bilanz. Daraus entsteht eine große Verantwortung für uns Menschen in Deutschland, bei Klimaschutzbemühungen Flagge zu zeigen.

Noch können wir den Klimawandel an einem Punkt stoppen, der unsere Welt in einem menschenfreundlichen Zustand erhält. Aber es bleibt dabei: Wir haben keine Zeit mehr, abzuwarten.

4 // LANDWIRTSCHAFT:
WIR MÜSSEN UMDENKEN

Mir war die Rolle einer Kassandra, der Seherin, die die Katastrophen stets vorausahnte, immer suspekt. Und ich kann wenig anfangen mit Leuten, die immer nur den Teufel an die Wand malen. Menschen, die sich als sogenannte Mahner positionieren und andererseits selbst keinen Finger krumm machen, wenn es um die Frage nach Lösungen geht. Nein, das bin ich nicht. Ich bin auch keine Agrarexpertin. Aber es braucht auch kein Expertenwissen, um wahrzunehmen, dass wir hierzulande leider in vielen landwirtschaftlichen Betrieben auf Kosten von Umwelt, Boden, Tieren und Menschen wirtschaften. Nur ein Zehntel aller Betriebe in Deutschland bewirtschaftet ihr Land nach Biokriterien. Diese Abweichler sind zugleich die Beweger der Veränderung. Die sogenannte konventionelle Landwirtschaft, fast 90 Prozent der deutschen Betriebe, setzt als Folge der aktuellen Politik immer noch auf Kunstdünger und Pestizide. Wiesen, Felder und Weiden werden unter dem Gesichtspunkt der Effizienz bewirtschaftet – um vor allem ein Ziel zu erreichen: möglichst billig zu produzieren. Einer der wichtigsten Gründe dafür ist das Wort »Wettbewerbsfähigkeit«. Damit das Kilo Fleisch den Verbraucher, der beim Discounter kauft, deutlich unter zehn, besser noch weniger als fünf Euro kostet, werden viele andere Aspekte außer Acht gelassen. Das Gleiche gilt für Mehl, Milch und Käse. Deutschland hat im internationalen Vergleich immer noch sehr preiswerte Lebensmittel.

Dies ist einerseits politischer Wille – denn eine zu günstigen Preisen versorgte Bevölkerung, so sehen es viele Politiker, ist eine ruhige Bevölkerung. Und andererseits ist es das Ergebnis eines immer schärferen Wettrüstens im nationalen und globalen Maßstab: Wer den größten Stall baut und die modernste Technik einsetzt, kann die meisten Schweine mästen, die meisten Kühe in kurzer Zeit melken, die meisten Eier produzieren. Und das geht nach dem Prinzip: je größer, desto billiger, desto konkurrenzfähiger – und desto profitabler. Ein Gesetz der Ökonomie, das auch für die moderne Landwirtschaft gilt.

Wie grausig das aussehen kann, zeigt ein Blick auf die riesigen Landwirtschaftsbetriebe, die es vor allem im Norden und Osten unseres Landes gibt: Mais- und Sojawüsten bis zum Horizont – als Futter für die Megaviehställe, die gebaut wurden, um den ständig steigenden Proteinbedarf der fleischhungrigen Konsumenten zu befriedigen. So viel Fleisch wird »produziert«, dass es am Ende sogar in Massen zu Dumpingpreisen exportiert wird.

Ein Elend für die Tiere und zugleich eine Katastrophenspirale, die sich immer weiterdreht. Noch mehr Fleischkonsum bedeutet noch mehr Nachfrage nach Kraftfutter, noch mehr Kraftfutter bedeutet entweder mehr Abholzung des Regenwaldes in Südamerika oder das Wachsen der Monokultur-Einöden hierzulande. Wachsende Massentierhaltung führt zu noch mehr Tierelend, wenn Schweine, Kühe oder Hühner nicht artgerecht gehalten werden. Und es fällt jede Menge Gülle an, die ins Grundwasser dringt, Boden, Wasser und Luft verunreinigt.

26 Millionen Schweine, 11 Millionen Rinder, 173 Millionen Hühner, Gänse, Enten und anderes Geflügel – allein in Deutschland. Die Zahlen sprechen eine deutliche Sprache. Im Jahr 2019 war die deutsche

Landwirtschaft für die Emission von rund 61,8 Millionen Tonnen Kohlendioxid verantwortlich. Wesentliche Quellen sind Methanemissionen aus der Tierhaltung und Lachgasemissionen aus landwirtschaftlich genutzten Böden. Denn wenn Rinder verdauen, schadet auch das auf Dauer dem Klima.

Wie wir mit den Tieren umgehen, ist kaum zu glauben. Das betäubungslose Kastrieren von Ferkeln, das Kükenschreddern und die Misshandlung von Tieren in unsachgemäßen Ställen wurden jahrzehntelang von Politik und Verbrauchern achselzuckend geduldet. Warum hat es so lange gebraucht, bis das Schreddern der Küken im Jahr 2021 endlich verboten wurde? Noch immer werden Schweine in spezielle Boxen eingepfercht, in denen sie sich kaum bewegen können – nur um eine ökonomisch vorteilhafte Nachwuchsproduktion zu sichern.

Warum dauern die Entscheidungen, Dinge besser zu machen, auch in der Landwirtschaft so endlos lange? Warum setzen wir die Einsicht, dass wir endlich die Agrarwende brauchen, um Tiere, Boden und Luft wieder mit Respekt zu behandeln, nicht endlich in die Realität um? Ich sehe für dieses Zögern zwei Gründe.

Zum einen den Geiz der Verbraucher und auf der anderen Seite die Interessen der Agrarlobby. Beides zusammen verzögert und verhindert bis heute die tiefgreifenden Reformen, die nötig wären, um die Agrarwende endlich in Schwung zu bringen.

Ein Hauptgrund für die aktuelle Lage der Landwirtschaftspolitik ist die seit den Sechzigerjahren des 20. Jahrhunderts existierende *Gemeinsame Europäische Agrarpolitik (GAP)*. Sie besteht aus einem Paket an Fördergeldern, über das die EU alle sieben Jahre neu entscheidet. Von 2013 bis 2020 wurden jährlich etwa 60 Milliarden Euro als Subventionen in Europa verteilt. Ab 2021 wird die Summe etwas darunterliegen. Für die nächsten sieben Jahre sind Subventionen in Höhe von rund 390 Milliarden Euro geplant.

Keine Frage: Mit einer solchen Summe ließe sich sicherlich auch eine Wende in der Landwirtschaft organisieren. Wissenschaftler und Landwirte fordern seit Langem, das Geld viel stärker als bisher für den Schutz von Klima und Artenvielfalt einzusetzen. Es sollte dementsprechend vor allem denjenigen Bauernhöfen zukommen, die auf Tierwohl achten und verantwortungsvoll mit Böden, Grundwasser und dem Einsatz von Düngemitteln und Pestiziden oder Herbiziden umgehen.

Doch wie sieht die Wirklichkeit aus? Schon seit Jahrzehnten, so scheint es mir, ist dieser größte Einzel-Fördertopf der Europäischen Union zu einem Selbstbedienungsladen der Agrarlobby geworden. Diese kümmert sich fleißig um die Interessen ihrer Kernklientel: Das sind meist Großbauernhöfe, die industriell Landwirtschaft betreiben. Kleinere Höfe und Familienbetriebe mit überschaubarer Tierhaltung haben in der EU keine Lobby.

Das Problem beginnt bei der Grundstruktur der Europäischen Förderung. Denn der Inhalt des sogenannten *ersten Topfes* wird allein nach der bewirtschafteten Fläche vergeben. Das heißt: Ganz egal, wie die Bewirtschaftung ausgerichtet ist, ob ich umwelt- und klimafreundlich handele oder nicht – die großen Höfe kassieren viel Geld, die kleinen weniger. Ein Ergebnis dieser unsinnigen Verordnung macht das besonders deutlich: 80 Prozent der Förderung landen bei 20 Prozent der Betriebe. Nicht vergessen sollte man dabei: Unter diesen großen Betrieben finden sich immer mehr multinationale Konzerne, die seit Jahren dabei sind, Tausende Hektar Land aufzukaufen. Dieses sogenannte Landgrabbing bietet Industrieunternehmen nicht nur eine sichere Geldanlage, sondern bringt durch die dadurch stark wachsenden Grundpreise auch immer mehr kleinere landwirtschaftliche Betriebe in Schwierigkeiten.

Im Gegenzug zur direkten Förderung, stur nach der bewirtschafteten Fläche, landet ein deutlich kleinerer Teil der EU-Gelder in einem sogenannten *zweiten Fördertopf*, der für besondere Projekte gedacht ist. Die Grundidee ist nicht schlecht: Landwirte können Förderanträge stellen, wenn sie für Natur- und Umweltschutz, für die regionale Entwicklung und einen besseren Absatz ihrer Erzeugnisse etwas Eigenes auf die Beine stellen wollen. Dieser zweite Fördertopf wird mit Mitteln aus den jeweiligen EU-Mitgliedsländern ergänzt. In Deutschland sind die Bundesländer dafür zuständig.

Dennoch ist die bisherige Politik der GAP aus meiner Sicht ein Misserfolg. Denn GAP fördert die wachsende Konzentration von landwirtschaftlichen Betrieben zu immer größeren Einheiten – Monokulturen und Megaställen –, statt die bäuerlichen Betriebe mit ihren vielfältigen und naturschonenden Produktionsweisen zu unterstützen. Für mich ein Riesenproblem. Denn der Preis für das ungebremste Wachstum ist hoch. Auf der Strecke bleiben der Boden, die Luft und das Wasser. Es leiden die Tiere, die auf engstem Raum gehalten werden, manchmal ohne je ans Tageslicht zu kommen. Insekten und Vögel sterben an den Pestiziden und Herbiziden, die die Bauern auf Felder und Weiden sprühen und die der Wind überallhin trägt. Zudem behält diese Art von Politik nicht die globale Situation im Auge. Der Qualitätsgesichtspunkt gilt nämlich national, europäisch und global.

Die Frage lautet: Wie lange können, wie lange wollen wir uns das noch leisten? Und: Wie lange dürfen wir uns das noch erlauben – angesichts der Tatsache, dass die Landwirtschaft in Deutschland für acht Prozent der schädlichen Treibhausgase verantwortlich ist, die den Klimawandel anheizen?

Ein Lichtblick: Ende November 2021 hat das Europäische Parlament für eine Reform der gemeinsamen Agrarpolitik gestimmt. Zukünftig soll die Auszahlung von Fördermitteln stärker an die Erfüllung von Umweltauflagen geknüpft werden. Was das in der Praxis bedeutet, werden wir sehen.

Ein Menetekel ist für mich der Großbrand eines Massentierhaltungsbetriebs in Alt Tellin. Ein Investor aus den Niederlanden hatte 2008 mit der Planung einer »Sauen- und Ferkelaufzuchtanlage« auf dem Gemeindegebiet begonnen. Etwa 10 000 Muttersäue sollten jährlich bis zu 250 000 Ferkel werfen. Geplant war, dass bis zu 65 000 Schweine auf einer Fläche von sechs Hektar stehen sollten. Das ganze Projekt war bei den Einwohnern von Alt Tellin heftig umstritten. Es wurde gegen diese Megaanlage demonstriert. Dennoch gab der Gemeinderat dem Investor seine Zustimmung.

Die Katastrophe brach am Vormittag des 30. März 2021 über die Schweinezuchtanlage in Mecklenburg-Vorpommern herein. Obwohl Mitarbeiter des Unternehmens schnell Alarm schlugen, konnte der Brand nicht gestoppt werden. Die Feuerwehr war mit 75 Einsatzkräften schnell vor Ort, konnte aber nur noch das Abbrennen einer Biogasanlage verhindern. Flammen, Hitze und Rauch breiteten sich über die Lüftungsschächte und andere Verbindungen in Windeseile aus. Binnen kurzer Zeit brannten sämtliche Stallanlagen und wurden komplett zerstört. Der Brand war erst nach zwei Tagen vollständig gelöscht.

Laut Angaben des Betreiberunternehmens fanden bei dem Unglück mehr als 55 000 Sauen und Ferkel den Tod. Helfer konnten lediglich 1300 Tiere retten. Zwei Beschäftigte des Unternehmens wurden verletzt. Nach dem Brand beschäftigten sich der Agrarausschuss und der Schweriner Landtag mit dem Unglück: Über alle Fraktionen hinweg waren sich die Politiker einig, dass »eine reine Tierproduktion, wie sie die Anlage darstellte, von niemandem mehr akzeptiert würde«.

Schon vor dem Großbrand lief einiges schief. So verendeten bereits im Sommer 2019 wegen eines Defekts in der Lüftungsanlage mehr als 1000 Ferkel.

Diese Katastrophe ist nur die Spitze eines Eisbergs. Das Billigfleischsystem, mit dem wir in Deutschland die Lebensmittelpreise nach unten drücken, fordert an vielen Stellen seinen grausamen Tribut. In der abgelaufenen Legislaturperiode, so rechnen Tierschützer vor, verendeten in Deutschland bei insgesamt 27 Bränden in Großstallanlagen über 240 000 Tiere.

Es wird zunehmend klar: Derartige Megabetriebe lassen sich kaum mit einer ausreichenden Sicherheit und unter Tierwohlaspekten betreiben. Dennoch fehlt bis heute der ausdrückliche politische Wille, solche

Fehlentwicklungen zukünftig zu vermeiden. Denn trotz der bekannt gewordenen Unglücksfälle sind derzeit circa 2,5 Millionen weitere Tierplätze in Megaställen geplant, primär aus Exportgründen.

Wollen wir diese Ställe wirklich noch bauen? Denn auch der vom Verfassungsgericht geforderte Klimaschutz und eine klimagerechte Ernährung lassen sich durch solche Investitionen nicht erreichen. Wissenschaftler empfehlen in verschiedenen Studien insgesamt eine Reduktion der Fleischproduktion wie des Konsums. Sie sprechen dabei von etwa 70 Prozent Reduktion, die notwendig sind, damit unsere Überlebensgrundlage auf dem Planeten nicht weiter gefährdet wird.

Die Deutsche Umwelthilfe fordert einen sofortigen Genehmigungsstopp für Tierfabriken: Die neue Bundesregierung – so die Forderung – soll in den ersten 100 Tagen ihrer Amtszeit gesetzliche Regeln für Tierschutz und Luftreinhaltung definieren, damit Landwirte in den Umbau und die Reduktion der Tierzahlen investieren könnten. Denn die industrielle Tierhaltung ist laut übereinstimmender Analyse von Tierschutzverbänden fatal für die Tiere, das Klima und den Menschen. Die Erdüberhitzung können wir nur mindern, wenn wir auf Dauer weniger Tiere besser halten und zudem den Fleischkonsum reduzieren. Wir brauchen dazu eine mutige Politik, die pflanzliche und fleischlose Alternativen auf die Teller bringt und den Umbau der Tierhaltung vorantreibt. Dazu könnte zum Beispiel auch eine Abgabe auf Fleisch aus Massentierhaltung gehören, die Umweltschützer ins Gespräch bringen. Mithilfe dieser zusätzlichen Mittel könnten so auch Betriebe unterstützt werden, die den Agrarwandel in die Praxis umsetzen.

*

Wenn wir solchen Überlegungen folgen, könnte eigentlich Hoffnung aufkeimen. Denn die Europäische Union sieht bei der Neufassung ihrer Förderungsregularien aktuell vor, dass jedes Land der GAP einen eigenen Plan für die Umsetzung vorlegt. Dabei könnten durchaus Freiräume für pragmatische Entscheidungen, die nicht von Lobbyinteressen gesteuert sind, entstehen.

Unser Land braucht endlich die Chance, auch in der Landwirtschaft mehr für Umwelt und Klima zu tun, als das die EU bisher getan hat. Eine solche Wende wäre in meinen Augen überfällig! Doch das, was bislang in Deutschland diskutiert wird, reicht nicht aus. Auch die EU bewegt sich letztlich mit Blick auf die Klimaziele zu zögerlich. Sie beschloss den »Grünen Deal«, um der erste klimaneutrale Kontinent zu werden. Ein Bestandteil davon ist die auf die Landwirtschaft konzentrierte Artenschutzstrategie »Farm to Fork«. Die Ziele klingen gut: Der Pestizideinsatz soll um 50 Prozent vermindert werden, der Düngereinsatz um 20 Prozent. Es bleiben hehre Ziele, denn sie können mit den Förderungsprogrammen nicht erreicht werden. Der Anteil der Direktzahlungen pro Fläche ist immer noch viel zu hoch. Ich bin der Überzeugung: Angesichts der Klimakrise und des Artensterbens muss in Deutschland endlich eine viel mutigere Agrarpolitik zum Zuge kommen als bisher – viel zu lange profitierte vor allem die Agrarindustrie von den Fördergeldern. Also: Streiten wir gemeinsam für eine Agrar- und Ernährungswende! Und zwar nicht morgen oder übermorgen, sondern jetzt! Denn wir brauchen eine bäuerliche und ökologischere, also eine sozial gerechte, tier- und umweltfreundliche Landwirtschaft und Lebensmittelproduktion – in Deutschland und weltweit.

5 // DEMOKRATIE: NEHMT DIE MENSCHEN MIT

Keine Frage: Politik ist eine komplizierte Sache und Demokratie eine anstrengende Gesellschaftsform. Denn Gott sei Dank gibt es in unserem Land keine Entscheidung von oben herab, kein Dekretieren von angeblichen Wahrheiten, keine Unterdrückung der Meinungsfreiheit. Die Menschen im Westen Deutschlands haben das bis 1945, die im Osten noch weitere Jahrzehnte erleben müssen. Seien wir froh und glücklich, dass solche Zeiten vorbei sind. Wir genießen das Grundrecht auf freie Meinungsäußerung. Und wir haben Zugang zu vielen Informationsquellen weltweit. Dennoch möchte ich im folgenden auf ein Phänomen eingehen, das mich von Jahr zu Jahr stärker beunruhigt: Es ist die Frage, warum die politisch Handelnden offensichtlich immer mehr Menschen verlieren.

Das könnte zum Beispiel daran liegen, dass Politik eine komplizierte Angelegenheit ist. Denn die Welt wird immer komplexer. Wirtschaft, Wissenschaft und Politik müssen erklärt werden. Einfache Antworten verfangen nicht mehr. Und zunehmend fühlen sich Bürger ohnmächtig angesichts einer für sie unverständlichen Welt. Im Folgenden möchte ich die wachsende Sprachlosigkeit zwischen Bürgern und Politik analysieren. Und ich möchte Wege vorschlagen, wie wir zukünftig wieder besser miteinander ins Gespräch kommen können.

Was von all dem leistbar ist, was jetzt verändert und umgestaltet werden müsste, das hängt nicht allein vom Geld ab. Entscheidend ist zunächst, ob es uns gelingt, den Menschen die dazu nötigen Überzeugungen zu vermitteln. Die Notwendigkeiten, die jetzt anstehen, fordern den Einsatz vieler, die bereit sind, sich zu engagieren. Um uns untereinander zu vernetzen, Ziele zu formulieren und andere mitzunehmen, brauchen wir eine gute Kommunikation.

Echtes Verstehen zwischen zwei Menschen ist fast immer ein Glücksfall. Und ein tiefes Verständnis zwischen mehr als zwei Menschen zu bewirken, ist fast ein Ding der Unmöglichkeit – sagen diejenigen, die sich professionell mit dem Thema »Kommunikation« beschäftigen: Soziologen und andere. Erst recht kompliziert wird es, wenn es um die Kommunikation mit der Bevölkerung eines Landes oder riesigen gesellschaftlichen Gruppen geht.

In der Zeit der Pandemie haben wir erlebt, dass etwa 12 bis 15 Prozent der deutschen Bevölkerung nicht willens sind, Argumenten geprüfter Wissenschaft überhaupt zuzuhören. Selbst ernannte Querdenker und Impfgegner, Teilnehmer der sogenannten Hygienedemonstrationen sehen sich gerne in der Rolle der Ausgegrenzten, die für ihre Rechte kämpfen. Man bemächtigt sich in solchen irrationalen Bewegungen gerne urdemokratischer Vokabeln wie »Freiheit« und eifert damit. Doch diese Demonstranten wollen nicht akzeptieren, dass in einer Demokratie die eigene Freiheit dort endet, wo sie die Rechte der anderen einschränkt. Man kann auch als Querdenker nicht sich selbst zum einzigen Maßstab erheben. Es geht bei Corona um wechselseitigen Schutz der Menschen in dieser Gesellschaft.

*

Trotz aller Fake-News-Produzenten und anderen, die eine sehr seltsame Sichtweise auf die Realität haben, mag ich dem pessimistischen Bild, dass Kommunikation mit größeren Gruppen kaum gelingen kann, nicht folgen. Müssen wir nicht gerade wegen der Uneinsichtigen, die es eben auch in unserer Gesellschaft gibt, mit noch größerem Ehrgeiz versuchen, den kritischen Dialog neu in Gang zu bringen? Müssen wir nicht, gerade weil wir viel zu viele Kommunikationssituationen kennen, in denen das Misstrauen schon den ersten Versuch eines geglückten Gespräches torpediert, einen neuen Gesprächsversuch wagen? Der Soziologe Niklas Luhmann spricht vom Unterlassen einer Kommunikation, die man für aussichtslos hält. Was ist die Konsequenz einer solchen Feststellung? Jeder, der wenig Hoffnung auf Verständnis hat, wird nicht mehr mit dem anderen reden. Aber auch das Schweigen zeigt Wirkung. Gerne zitiere ich immer wieder die Einsicht des amerikanischen Psychotherapeuten Paul Watzlawick, der feststellte: »Man kann nicht nicht kommunizieren!«

Die Probleme im Gespräch und in der gesellschaftlichen Debatte liegen auf der Hand: »Gesagt ist noch nicht gehört. Gehört ist noch nicht verstanden. Verstanden ist noch nicht einverstanden. Einverstanden ist noch nicht angewendet. Angewendet ist noch nicht beibehalten.« Die Satzkaskade von Konrad Lorenz über die Mühen der Kommunikation und die Fallstricke des Gespräches miteinander spiegelt die Ursachen für das Wachsen jener Gruppe in der Gesellschaft, die wir als die schweigende Mehrheit bezeichnen. Oft sind es Menschen guten Willens – aber sie zeigen schlicht kein Interesse mehr, sich in den Diskurs unserer Gesellschaft einzubringen, weil sie meinen, dass ihnen niemand zuhört. Oder weil sie die Erfahrung gemacht haben, dass Politiker bei ihnen zwar gerne, bevorzugt in Wahlkampfzeiten, Botschaften abladen. Doch zu ihrer Enttäuschung werden diese Versprechen allzu oft nicht eingehalten.

Angela Merkel hat uns immer wieder ermahnt, insbesondere die politisch Verantwortlichen: »Hört nicht auf, miteinander zu sprechen!« Das Gespräch immer wieder zu suchen, insbesondere bei politischen Gegensätzen – das ist so wichtig.

*

Nach beinahe vier Jahrzehnten in der Politik lautet meine These: Auch unsere Politikerinnen und Politiker haben den Diskurs in der Gesellschaft zu oft zur Einbahnstraße gemacht – und damit weitgehend gestört. Natürlich müssen wir der Berufsgruppe zugutehalten, dass die weltweite Lage enorm komplex geworden ist. Vieles ist schwerer darzustellen und zu vermitteln als in der Vergangenheit. Vorbei die Zeiten, als es noch bequem möglich war, sich selbst und die anderen ganz simpel in Lager einzuordnen. Doch damit haben wir uns gleichzeitig ein neues Problem in der politischen Kommunikation eingehandelt. Uns sind die gemeinsamen Feindbilder abhandengekommen. Feindbilder, die junge Menschen nicht mehr kennen. Dafür haben wir heute höchst unterschiedliche Ausdifferenzierungen gesellschaftlicher Gruppen, zum Teil in extremen Formen. Und das ist für ein Land, für einen Staat und für seine Bürger meist eine verstörende Angelegenheit.

Erinnern wir uns, wie es in den 1960er-Jahren war: »Der Russe« schweißte als tatsächliche oder vermeintliche Bedrohung aus den auch damals schon heterogenen Gruppen zwischen Bodensee und Flensburg ein einig Volk von Brüdern und Schwestern zusammen. Denn schließlich musste man sich als Bollwerk gegen den Kommunismus bewähren. In solchen Zeiten fällt die politische Kommunikation nicht schwer: »Alle Wege des Sozialismus führen nach Moskau«, lautete die Schlagzeile auf einem suggestiven Plakat der CDU in den späten Fünfzigerjahren. Welcher Deutsche wollte schon gerne dahin?

Und heute? Wissen wir kaum noch, wer in unserer Gesellschaft eigentlich für was steht. Die Zeit der Ideologien ist vorbei. In Ermangelung anderer Bindungskraft haben viele Menschen in unserem Land in den Neunzigerjahren ein Modell des Hedonismus, eines selbstbezogenen genussvollen Lebens verwirklicht. Die eigenen Bedürfnisse wurden in den Vordergrund gestellt. Dies ging so lange, bis ihnen alles im Börsencrash kräftig um die Ohren flog. Nun ist die Suche nach beständigeren Werten ausgebrochen.

Die Politik muss sich in Sachen unzureichender Kommunikation selbstkritisch betrachten. Es braucht ein respektvolles Miteinander, die konkrete Formulierung von Sachverhalten und eine direkte, faire Aussprache mit allen Beteiligten. Die Menschen im Lande wollen nicht die üblichen politischen Reden hören, sondern authentisches Sprechen. Sie wollen ernst genommen und nicht zugetextet werden. Mittlerweile leben wir in einer Doppelwelt, die für die Demokratie und das Verständnis in unserem Lande immer gefährlicher wird.

Kommunikation muss glücken, wenn ein gedeihliches Zusammenleben in Gesellschaften gelingen soll. Was aber können wir unter gelingender gesellschaftlicher Kommunikation verstehen? Eine gute Definition lautet: Kommunikation ist dann geglückt, wenn ein möglichst geringer Unterschied besteht zwischen dem, was ein Absender formuliert hat, und dem, was ein Empfänger verstanden hat. Wenn also das Missverstehen zwischen Empfänger und Absender auf ein Mindestmaß schrumpft. Dafür braucht es gewisse Voraussetzungen. Die erste ist, dass Menschen und Gruppen überhaupt miteinander kommunizieren wollen. Es gibt einige gute Gründe, anzunehmen, dass dies aus anthropologischen und kulturellen Gründen der Fall ist.

Menschen wollen kommunizieren. Das bedeutet, sich anzustrengen, den anderen verstehen zu wollen. Und sie möchten auch verstanden werden. Deshalb muss die Gegenthese bei allem skeptischen Blick auf die Fallen der Kommunikation lauten: Kommunikation ist möglich. Kommunikation ist nötig. Kommunikation wird gebraucht und auch in schwierigen Fällen versucht.

Menschen wollen einander verstehen – diese Tatsache scheint mitunter in den Diskussionen in Vergessenheit zu geraten. Wenn die Politik den Menschen wieder in den Mittelpunkt stellen will, muss sie mit ihm kommunizieren. Und das schon aus reinem Überlebenswillen. Wenn die Politik die Menschen verliert, dann nimmt die Demokratie Schaden. Dies gilt für eine glaubwürdige Informationsverbreitung und auch für die Auseinandersetzung mit Andersdenkenden. Politiker müssen sich des Dialogprinzips erinnern und sich darum bemühen, es in ihr Handeln einzubringen. Und das betrifft unterschiedliche Gruppen: Starke und Schwache, Mehrheiten und Minderheiten, Religiöse Gemeinschaften und Interessensgruppen, die das Religiöse ablehnen. Auch der Blick auf die Ärmeren in der Gesellschaft gehört dazu. Ein echter Dialog bedeutet: Politiker müssen wieder lernen, auf einzelne Menschen zuzugehen, sie nicht als anonyme Gruppenmitglieder zu behandeln, sondern sich mit ihren individuellen Fragen auseinanderzusetzen.

Doch der beste Wille führt nicht weiter, wenn die Mittel der Kommunikation nicht sachgerecht gewählt sind. Das Wichtigste ist die Sprache. Manchmal drängt sich der Verdacht auf, dass wir uns gerade darum am wenigsten kümmern. Warum müssen viele Politikerinnen und Politiker so sprechen, wie sie es gemeinhin tun? Ein Blick in Wortschatz und Stilistik vieler Reden zeigt, wo die Probleme liegen: Da jagen sich Abstrakta und aufgeblähte Sätze aneinander. Es wird über »die Menschen im vorpolitischen Raum« gesprochen. Blutleere Verallgemeinerungen wie die Rede von »strukturellen Fehleinschätzungen« paaren sich mit einer verhängnisvollen Vorliebe zu Fremdwörtern (»Know-how-Transfer«); Hauptwort reiht sich an Hauptwort (»Das Nichtbeachten dieser Vorschrift hat Bestrafung zur Folge!«), nicht von ungefähr ein Relikt des sogenannten Bürokratendeutsch. Kaum jemand zeigt den Mut, die Dinge beim Namen zu nennen, wie es nötig wäre, um ein klares Verständnis zu schaffen. Immer wieder heißt es, die offizielle Politikersprache sei wenig einladend und schwer verständlich.

Womit wir bei einem weiteren Thema sind: den Wörtern, die wir benutzen. Das Wort »Sozialversicherungsbeitragsbemessungsgrenze« gilt mit seinen 43 Zeichen laut Duden als eines der längsten noch sinnvollen Wörter deutscher Sprache. Die Wörter, die die Politik benutzt, stehen häufig diametral dem entgegen, was uns die Verständlichkeitsforschung lehrt. Warum so komplexe Begriffe, wenn es auch einfacher geht? Verstanden werden am besten kurze Wörter mit bis zu drei oder vier Silben. Politiker lieben Fremdwörter – verstanden werden aber vor allem prägnante, vertraute Wörter aus der eigenen Sprache und nicht die zumeist englischsprachigen Begriffe oder Kürzel, die in Mode sind. Die Sprache muss verständlich sein!

Dass es geht, beweisen berühmte Beispiele aus der bundesrepublikanischen Parlamentsgeschichte. Herbert Wehner, Fraktionschef der Sozialdemokraten, war berüchtigt für seine scharfe Zunge und seine bildhaften Vergleiche, die er auch gerne in seine Plenumsreden einflocht. Berühmt wurde der Satz, den er an die Kritiker der Ostverträge richtete, die damals leidenschaftlich diskutiert wurden: »Meine Herren, Sie sind dabei, den Holzweg zu pflastern.« Auch

Konrad Adenauer, ein brillanter Kopf und hochgebildeter Mann, sprach als Politiker in seinen öffentlichen Reden einfach, lakonisch, mit einem bewusst überschaubar gehaltenen Wortschatz von nur 1000 Wörtern – damit möglichst viele Menschen ihn verstehen konnten. Zum Vergleich: Laut Duden-Redaktion umfasst die deutsche Sprache einen Wortschatz von höchstens 500 000 Wörtern!

*

Doch wer die Beteiligung der Bürger will, der braucht noch etwas anderes. Denn noch wichtiger als die Form ist natürlich der Inhalt dessen, was Politiker sagen sollten. Solange weitgehend inhaltsleere Nachrichten in Zeitungen und im Fernsehen als Maßstab der politischen Kommunikation gelten, wird das Miteinander zwischen den Menschen im Land und den Vertretern der Politik weiter gestört bleiben. Die seltsam diffuse, offizielle Kommunikation hat zwei Wurzeln. Sie heißen Misstrauen und Angst. Misstrauen zeigt Politik gegenüber den Bürgerinnen und Bürgern, indem sie ihnen nicht zutraut, auch mit unangenehmen Wahrheiten fertigzuwerden. Noch immer hat es kein Politiker geschafft, den Menschen mit deutlichen Worten die wirklichen Auswirkungen der sich anbahnenden globalen Klimakatastrophe vor Augen zu führen. Nach dem Motto: Solche Wahrheiten kann man den Wählern nicht zumuten! Man darf sie nicht derart beunruhigen!

Ein wichtiger Grund dafür ist die Angst der Regierenden, durch das Aussprechen der Wahrheit die Macht zu verlieren. Dass gerade diese Angst einen vernünftigen Umgang mit den Tatsachen und damit eine mögliche Verbesserung der Lage verhindert, ist eines der tragischen Missverständnisse in der Kommunikation.

Für mich lautet das Motto: Die Wahrheit ist zumutbar. Wichtig ist, dass sie verbunden ist mit der Suche nach gemeinsamen Problemlösungen. Nur wer sich nicht scheut, auch das Unangenehme auszusprechen; nur wer es wagt, auch schwierige, weil unpopuläre Entscheidungen zu begründen, zu vertreten und den Menschen mitzuteilen; nur wer die Menschen glaubwürdig informiert und mitnimmt – nur der wird für sich in Anspruch nehmen können, politische Teilhabe zu fördern.

Die aktuelle, wirklich komplizierte politische Situation zeigt, wie dringlich ein grundlegender Wandel in der Kommunikation zwischen Menschen und Regierenden ist. Gemeinsam wird es leichter, das Schwierige anzupacken und auch Lösungen zu finden.

Es muss Schluss sein mit der Schönfärberei. Erst wenn in klaren, verständlichen Worten mit den Menschen geredet wird, können wir die Enttäuschten zurückholen. Gelingende gesellschaftliche Kommunikation ist durch Transparenz, Verständlichkeit und Teilhabe der Menschen gekennzeichnet. Eine Teilhabe, die für die Zukunft unserer Demokratie immer wichtiger wird.

6 // PARITÄT: OHNE FRAUEN KEINE VERÄNDERUNGEN

In meiner langen Laufbahn als Wissenschaftlerin und Politikerin habe ich mich immer wieder mit einem zentralen Thema der Politik beschäftigt: der gesellschaftlichen Parität von Mann und Frau. Und auch heute setze ich mich ganz aktuell mit diesem Thema auseinander und versuche, den Gedanken in der Gesellschaft zu verankern, dass Männer und Frauen nur gemeinsam die Zukunftsfragen lösen können. Denn die Rückschau in die Geschichte belegt mit einer Fülle von Beispielen, was Frauen in bitterer Not, in größter Bedrängnis und Entmutigung mit ihrer zupackenden Tatkraft und ihrer praktischen Hoffnung geleistet und an neuen Zeichen gesetzt haben. Sie haben nicht aufgehört, den Weg genauen Hinsehens und Zuhörens, der Verständigung inmitten scharfer Konflikte zu verfolgen.

Auch nach einem Scheitern sind sie wieder aufgestanden und haben weitergemacht. Ohnmächtig und ohne Ideen sind wir Frauen also nicht. Aber wir müssen feststellen, dass Frauen immer noch im hohen Maß von politischen Mandaten und Ämtern ausgegrenzt, als Entscheiderinnen unterschätzt und von Ideologien umstellt sind. Auch in Europa wurden allzu lange unsere angeblichen Defizite thematisiert: Wir Frauen besäßen zu viel Emotionalität, zu wenig Distanz zur Sache, wir wären nicht schlau genug und hätten zu wenig Gespür für das Politische. Es fehlt mir in vielen derartigen Diskussionen der Blick auf die herausragenden Fähigkeiten und Leistungen der Frauen. Nicht nur in der Sorge und Fürsorge für andere Menschen und die Familie, sondern auch im Beruf. Es ist keine Frage, dass wir in Sachen Gleichberechtigung dringend die nächsten Schritte gehen müssen! Schluss mit dem Nebeneinander und Nacheinander von Gesundheit, Sozialleben und Wirtschaft. Es braucht die Gleichzeitigkeit der Betrachtung. Denn alle drei Aspekte gehören zusammen, wenn wir wirklich Lebensqualität in unserer Gesellschaft erreichen wollen.

In jedem Menschen steckt ein Können, sei es sichtbar oder noch verborgen. Aber immer noch wollen wir in unserer Gesellschaft diese Potenziale zu wenig wahrnehmen, nutzen und weiterentwickeln. Ich fordere: Auch damit muss nun endgültig Schluss sein!

Es sind vor allem die Potenziale der Frauen, die schon immer im Privatleben wie in der Wirtschaftswelt unersetzlich waren. Die Intelligenz der Frauen, ihr Fachwissen und ihre soziale und emotionale Kompetenz werden in Politik und Wirtschaft dringend benötigt. Obwohl diese Tatsachen hundertfach in Studien belegt sind, sind sie immer noch nicht in den Chefetagen der Wirtschaft angekommen. Oder, noch bedauerlicher: Manche Entscheider in Politik und Gesellschaft wollen sie gar nicht hören. Lieber verharren sie im männlich geprägten Status quo. Lieber bleiben sie unter sich, als die besonderen weiblichen Fähigkeiten als unerlässliche Bereicherung wertschätzen zu lernen.

*

Meine Forderung an die Wirtschaft und die Politik lautet deshalb: Wir müssen weg vom Verschleppen, Aussitzen, Verschieben und Verleugnen. Das gilt beim Klima genauso wie auch in der Grundfrage unserer

Gesellschaft: Wie wollen wir zukünftig miteinander leben? Führen wir uns die Notwendigkeit zur Veränderung einmal nur an diesem einen Beispiel vor Augen.

Die Forderung lautet: Wir müssen weg vom Geschlechterkampf, hin zu einer echten Gleichstellung zwischen Frauen und Männern. Wir brauchen eine gleiche Beteiligung von Frauen und Männern in sämtlichen gesellschaftlichen Feldern. Die bestehende Ungleichheit muss endlich beendet werden.

Dazu müssen wir die alten Rollenmuster hinter uns lassen, die immer noch in der Gesellschaft, in Politik und Wirtschaft gepflegt werden – samt all ihrer Klischees und Zuweisungen. Wir brauchen Offenheit für neue Sichtweisen von Frauen und Männern in der Wirtschaft und der Arbeitswelt. Frauen haben ihre Kompetenzen seit Langem bewiesen, im Osten wie im Westen. Sie haben ihr Können allen Widerständen zum Trotz kraftvoll weiterentwickelt – als Ingenieurinnen, Chemikerinnen, Medizinerinnen, Physikerinnen, als schöpferisch tätige in Kunst und Kultur oder auch als Politikerinnen.

Heute muss die Devise lauten: Beteiligt endlich die Frauen! Erweitert mit ihrem Können das, was die Gesellschaft leisten soll und kann – denn gemeinsam schaffen wir mehr! Die unzureichende Berücksichtigung der Frauen ist bei den Führungsposten in der Politik und Wirtschaft am offensichtlichsten. Die Männer haben dort vielfach immer noch das Sagen. Es geht dabei, so scheint es mir, nicht mehr um das Können, sondern um das Wollen. Mein Appell gilt diesen Männern: Zeigt endlich die Bereitschaft, Frauen auf Augenhöhe mit einzubeziehen. Nicht irgendwann. Sondern jetzt!

*

Wir haben heute genug kompetente und qualifizierte Frauen in allen Berufsbereichen. Doch nach wie vor sind Frauen nicht überall erwünscht. Oder aber: Sie trauen sich nicht mehr. Sie haben Grund dazu, bei so viel Ablehnung, die sie erfahren haben. Es erfordert immer noch viel Mut, sich ohne reale Chancen auf Erfolg Wahlen zu stellen. Trotzdem rufe ich den Frauen zu: Wagt Euch weiter! Wir werden den Durchbruch schaffen!

Bei den Problemen, die wir heute in der Welt haben, wäre es fahrlässig, die Stimmen der Frauen nicht zu hören und ihre Fähigkeiten nicht einzusetzen. Wie es dazu kommen konnte? Frauen gehörten noch vor 110 Jahren in der Gesellschaft einfach nicht zu den Entscheidern. Sie existierten schlicht nicht in Politik, Wirtschaft, Wissenschaft und Gesellschaft. Deshalb ist das, was Frauen in und während der Weimarer Republik geleistet haben, einzigartig. Wir können diese Leistungen gar nicht hoch genug schätzen.

Man bedenke: Erst seit 1918 gibt es überhaupt ein aktives und passives Wahlrecht. Vorher waren die Frauen politisch gesehen im Niemandsland verschollen. Sie waren einfach nicht existent. Unvorstellbar.

Es gibt in der Epoche der Emanzipation großartige Frauen, die für die Gleichheit gekämpft haben. So zum Beispiel Marie Juchacz. Das erste Mal tritt sie bei der Nationalversammlung zur Gründung der Weimarer Republik in Frankfurt am 19. Februar 1919 an das Rednerpult des Parlaments. Es ist das erste Mal, dass in Deutschland die Frau als frei und gleich im Parlament zum Volke sprechen darf.

Wer annimmt, das sei auch nach der Katastrophe der Hitler-Diktatur wieder selbstverständlich gewesen, ohne dass solche Rechte erneut erkämpft werden mussten, der irrt. Selbstverständlichkeit der Frauenrechte? Weit gefehlt! Der Parlamentarische Rat mit seinen 61 männlichen und nur vier weiblichen Mitgliedern bot zunächst keine Chancen auf Durchsetzung des schlichten Grundgesetzartikels: »Männer und Frauen sind gleichberechtigt.« Der Antrag auf Aufnahme dieses Artikels wurde am 5. Oktober 1948 im Parlamentarischen Rat eingebracht – und prompt von der Mehrheit der Männer abgelehnt.

Elisabeth Selbert (SPD) brachte ihn ein weiteres Mal ein. Sie gab nie auf, blieb kämpferisch unterwegs, vereinte die Frauen trotz ihrer unterschiedlichen weltanschaulichen Positionen. Auch gegen diesen zweiten Initiativantrag leistete – man merke auf! – die Opposition weiterhin Widerstand. Aber die Frauen gewannen letzten Endes dank ihrer starken Persönlichkeit und ihrer Argumentationskompetenz.

Auch heute sind Frauen in den unterschiedlichen politischen Gruppierungen oft stärker, als man es in der Öffentlichkeit wahrnimmt. Das Problem aber ist nach meiner Beobachtung: Es fehlt uns nicht an entsprechenden Gruppen und ihrem Engagement, sondern an einer gemeinsamen Vorgehensweise und Geschlossenheit. Frauen haben sonst ja viele Verbindungen, aber sie nutzen sie meiner Erfahrung nach nicht konsequent genug. Die Geschichte zeigt uns jedoch: Nur mit Geschlossenheit können politische

Anliegen durchgesetzt und Veränderungen erreicht werden.

Deshalb bleibt der Fortschritt beim Thema Gleichberechtigung auch heute eine Schnecke, solange nicht gekämpft und dieser Kampf auch durchgehalten wird. Schade. Schade auch, dass vielen jüngeren Frauen von heute gar nicht mehr bewusst ist, was alles seit Gründung der Bundesrepublik 1949 für die Rechte der Frauen erkämpft wurde.

Bis in die ersten Jahrzehnte der Bundesrepublik konnte ein Ehemann jederzeit im Alleingang das Arbeitsverhältnis seiner Gattin kündigen – wohlgemerkt: ohne sie zu fragen! Es war ein harter Kampf um die Rechte von Männern und Frauen. Es ging um Zuständigkeiten, um Verteilung von Macht auch in der Familie, um die Entwicklung von ungleichen hin zu gleichen Rechten und Pflichten. Er endete erst 1977, als das Bürgerliche Gesetzbuch Frauen die vorbehaltlose Erwerbstätigkeit ohne Einspruchsrecht des Ehepartners zugestand.

Allein im Ehe- und Familienrecht zeigt sich die Fülle der Macht, die Männern zukam. Es geht um nichts anderes als die umfassende Zuständigkeit des Ehemanns. Die Alleinherrschaft über Frau und Kinder erschien wie ein Naturrecht: Ob Konto, Eigentum, Geschäftsbeziehungen, Vertragsrechte, Erwerbstätigkeit und eigenes Einkommen, Weiterbildung, Bildungs- und Erziehungsfragen der Kinder – es gab hier keine Parität in der Entscheidung. Das letzte Wort, es lag stets beim Mann. Und diese Macht sollte, wenn es nach den Herren der Schöpfung ging, nicht beschnitten werden. Unglaublich für Frauen im Jahr 2021? Das ist es sicherlich. Aber es lohnt sich, ein Stück in die Geschichte zu blicken, wenn man die Zukunft besser gestalten will. Denn noch immer gibt es eine Front, die mithilfe pseudowissenschaftlicher Erklärungen auf das Anderssein von Mann und Frau pocht. Eine Mischung aus individuellen Erfahrungen und irrationalen, empirisch nicht haltbaren Thesen soll dies belegen. Entsprechende Vorurteile haben eine erstaunliche Überlebensdauer. Selbst unter Akademikerinnen und Akademikern kursieren seltsame Ideologien und Verabsolutierungen. Anschaulich ist das zum Beispiel an den bis heute hartnäckig vertretenen Thesen zur besonderen Bedeutung und Rolle der Mutter für die Entwicklung des Kindes in den ersten Lebensjahren zu sehen. Die Hauptschlacht zu diesem Thema hat in den 1970er-Jahren stattgefunden, als es um die Betreuung der Kleinstkinder bis drei Jahre durch Tagesmütter ging, wie sie beispielsweise in Schweden üblich war. Gravierende Schädigungen des Kindes wurden damals vorausgesagt. Es hat bis 2013 gedauert, bis die Politik die Realität der Erziehung endlich anerkannt hat. Seither ist wenigstens für ein Drittel der unter Fünfjährigen öffentliche oder private Kinderförderung und Betreuung möglich.

Ein weiteres Beispiel gefällig? Bitte sehr! Frauen haben immer schon das Prinzip des »Multitasking«, das heißt der flexiblen, gleichzeitigen Aufmerksamkeit und Tätigkeit praktizieren müssen: Sie müssen seit jeher die Fülle von Haus- und Familienarbeit, Kinderbetreuung und beruflicher Erwerbsarbeit schultern. Diese mehrfache, oft auch geteilte Aufmerksamkeit wird ihnen heute noch immer von manchen Männern kritisch vorgeworfen. Es fehle ihnen an Konzentration. Die Fähigkeit zum Multitasking wird also nicht als Vorteil geschätzt – dennoch wird sie den Frauen abverlangt. Absurd!

Wichtig ist es im Jahr 2022, solche Stereotype aufzudecken. Dazu hat die Frauenforschung Entscheidendes beigetragen und viele Mythen aufgedeckt.

Doch die alten und neuen Stereotype, sie feiern immer wieder fröhliche Urständ. Weiterhin sind wir von der Gleichstellung in den Organen der politischen Entscheidungen weit entfernt, ja, in manchen Bereichen sogar weiter zurück als vor Jahrzehnten.

Ein Beispiel mag das erläutern: Im Jahre 1987 lag der Anteil von Frauen im Bundestag erstmals bei zehn Prozent. Nach dieser Zeit ist dank der GRÜNEN die Zahl der Frauen im Parlament größer geworden. Dann war es die LINKE, die mittels einer Quote den Frauenanteil ebenfalls unterstützte. Doch nach wie vor müssen wir feststellen: Es gibt eine Lähmung in der Frauenpolitik. Und das sieht man auch am Anteil der Frauen, die für unsere Fraktionsgemeinschaft im Bundestag sitzen: Die CSU hat noch nicht einmal 20 Prozent Frauen, die CDU etwa um die 20 Prozent.

Von Journalisten werde ich immer wieder gefragt, warum ich so oft auf das Thema Gleichberechtigung zu sprechen komme, man könne ja meinen, es sei mein Hauptanliegen. Und in der Tat: Dieses Thema zieht sich durch mein ganzes Leben. Während meines Studiums habe ich zum Beispiel niemals eine Professorin kennengelernt. Als ich mich als junge Frau um meine erste Professorenstelle an einer pädagogischen

Hochschule bewarb, stellten mir die Männer in der Auswahlkommission lauter entsetzliche Fragen: Ob ich wirklich meine, diese Arbeit und ein Kind seien vereinbar. Und ob mein Mann es akzeptieren könne, wenn seine Frau einen Professorentitel trage – er aber nicht. Ich habe forsche Antworten gegeben, aber auf der Rückfahrt im Zug habe ich geweint, so gedemütigt, wütend und machtlos fühlte ich mich angesichts solch dämlicher Fragen.

Das mögen vielleicht persönliche Erlebnisse einer alten Frau sein – aber sie sind prägend. Und ich fürchte, so richtig viel hat sich seit meinen Erlebnissen in den Sechziger- und Siebzigerjahren des letzten Jahrhunderts bis heute nicht verändert. Eine wichtige Konsequenz für mich lautet: Wir brauchen Parität im Bundestag und in den Landesparlamenten. Jetzt. Denn es darf nicht sein, dass heute gerade mal 20 Prozent Frauen im Bundestag vertreten sind. Zum Glück steht das Thema politisch ja gerade wieder einmal auf der Agenda. Es ist unwürdig, dass vor allem Frauen als Minijobberinnen in prekären Verhältnissen arbeiten, es ist unwürdig, dass sie trotz ihrer Lebensleistung als Mütter und Pflegende im Alter Armut fürchten müssen. Es ist unwürdig, dass sie noch immer unter dem »Gender-

Pay-Gap« leiden, der institutionalisierten Minderbezahlung in ihren Berufen. Nein, ich will keinen Geschlechterkampf beschwören. Das Einzige, was ich will, ist, dass Männer und Frauen endlich zu einer Partnerschaft finden. Bisher reden alle nur davon. Damit muss Schluss sein. Jetzt.

Die Quote wurde zur Notwendigkeit, weil sich seit Jahrzehnten zu wenig in Richtung Gleichberechtigung bewegte. Eine unverbindliche Quote ist auch nicht zielführend. Und ich verstehe, das niemand bloß »eine Quotenfrau« sein will. Frauen wollen nicht länger die Ungleichheit akzeptieren und berufen sich auf ihr Können. Das Ziel sind gleiche Anteile beider Geschlechter in allen entscheidenden Rollen.

Junge Frauen haben die Bewegung *Fridays for Future* gegründet und vorangetrieben. Es geht darum, die Möglichkeiten der radikalen Veränderung ohne Gewalt konsequent zu betreiben und das Rettende zu suchen – solange es noch möglich ist. Dazu gehören eine grundlegende Lebensumstellung und alternative Ideen der Gestaltung von Lebens- und Arbeitszeit. Dazu gehören ungewohnte Haltungen und Ziele und neue schöpferische Fantasie.

Warum bin ich an diesem Punkt derart radikal? Ganz einfach: weil weniger nicht mehr ausreicht.

Die Emanzipation der Frau ist für viele Menschen kein Thema mehr. Dennoch müssen wir gerade jetzt unser Bewusstsein dafür schärfen. Denn die Emanzipation im recht verstandenen Sinne ist die Befreiung des Menschen von Fremdbestimmung und Fremdherrschaft – und die ist zu jedem Zeitpunkt für eine Gesellschaft überlebenswichtig.

7 // BILDUNG: RAUS AUS DER SACKGASSE

Mir war die Bildung stets ein besonderes Anliegen – und auch eines meiner großen Forschungsthemen. Das, was sich zurzeit in unserer Bildungspolitik abspielt, ist mehr von den Auswirkungen der Pandemie bestimmt als von wirklichen Bildungsfragen.

Aber es ist vielen klar, dass es grundlegender Änderungen im System bedarf, sobald wir die akute Pandemie-Situation überstanden haben. Eine Besonderheit des deutschen Bildungssystems ist, dass es nach wie vor die Auslese statt die Förderung Einzelner im Blick hat. Aus meiner Sicht ist dies ein Fehler. Kritisch sehe ich auch den angeblich höheren Wert einer akademischen vor einer beruflichen Bildung. Woher kommt ein solches Denken? Es ist doch überdeutlich, dass wir beides in Deutschland, die Breite unterschiedlicher Qualifikationen und Wege, brauchen.

Auf der einen Seite gute Handwerkerinnen und Handwerker und bestens ausgebildete Fachkräfte für alle Arten von Dienstleistungen und Gewerbe und auch Menschen, die sich durch ein Hochschulstudium für bestimmte Aufgaben in Forschung, Wissenschaft oder Lehre qualifiziert haben.

Die privilegierte Universitätsausbildung, die ich in den Fünfziger- und Sechzigerjahren in Frankreich und Deutschland erleben durfte, hatte vor allem ein Ziel: Im Zentrum stand damals die Bildung. Die Fragen der jungen Menschen an die Professoren waren ein wichtiger Motor des Lernens: Was will ich wissen? Was kann ich wissen? Was soll ich als tragfähig annehmen? Zur Bildung gehört Zeit und sicherlich nicht zuletzt auch die Freiheit, je nach Charakter unterschiedliche Wege ausprobieren zu dürfen, bis man den für seine Person richtigen gefunden hat. Damals war die Distanz zwischen Studierenden und Professoren groß. Dort wo wir wagten zu fragen, hielten wir zugleich Abstand, zeigten Respekt und Vorsicht. Wir fürchteten die Professoren, schätzten, was sie taten. In unseren Fragen drückten sich oft gegensätzliche Positionen aus. Wir versuchten als Studierende von ihrem Professorenalltag, von ihrer Biografie mit Umwegen,

Enttäuschungen und Erfolgen zu hören. Wir spürten, da gab es eine Barriere. Aber wir wussten nicht, welche das war. Sie sprachen nicht über den Nationalsozialismus. Das Thema wurde in den 50er-Jahren ausgespart, sowohl im Geschichts- wie im Romanistikstudium. Unsere Professoren gaben uns den Studienkanon vor, ein Programm, das abzuarbeiten war.

Ins eigene Denken bin ich durch die französische Literatur gekommen. In ihr war spürbar, was die Autoren durchlebt hatten: existenzielle Krisen, Verdrängen. Es kam zum Ausdruck, mit welchen Dilemmata sie gekämpft hatten; Verzweiflung und Lebensskepsis. In der Literatur fanden wir ihr Leben. Ein Doppelleben von Schweigen und Verstecken, Widerstand und Rebellion. Das Alltagsleben nach dem Krieg, den es zu vergessen galt, um überleben zu können. Ich denke an Autoren wie André Gide, Albert Camus, Paul Claudel, François Mauriac, Marcel Proust, Jean-Paul Sartre und Charles Péguy. In ihrer Vielfalt und Tiefe haben diese Autoren meine Achtsamkeit immer stärker auf das Anthropologische gelenkt. So lernte ich mich auch selbst ein wenig mehr kennen. Angewiesen auf Vertrauen, um nicht weggeschleudert und verloren zu sein.

Der studentische Alltag bestand aus guten und weniger guten Vorlesungen und Seminaren. Aus Zwischenprüfungen – und, was ganz wichtig war: aus geselligem Zusammensein. Musik machen, Singen, Debattieren, Feiern. Mein Studium war nicht bestimmt von Konkurrenz und möglichst kurzer Studienzeit.

Ich war zunächst auf den Lehrberuf im Gymnasium für Französisch und Geschichte ausgerichtet. Begeistert haben mich die Grundschulpraktika und die Arbeit mit den Kindern. Aber mein Platz wurde weder die Grundschule, noch das Gymnasium – sondern die Hochschule, wenig später die Universität.

Wenn ich die Bildungsdebatte heute verfolge, so finde ich eine deutlich andere Situation vor, die mich überrascht, aber auch erschreckt. Mir drängt sich der Eindruck auf, dass der Mensch zusehends auf einen zentralen Faktor, maßgeblich auf die Schaffung von ökonomischen Werten, reduziert wird, statt das komplexe menschliche Leben ganzheitlich zu betrachten. Das zeigt sich auch an der Bologna-Reform, die uns das Bachelor- und Master-System beschert hat, das sich vorrangig aus ökonomischen Gesichtspunkten herleiten lässt. Dieses ökonomische Denken wurde verstärkt durch den Systemvergleich zwischen West und Ost. Aber es gibt auch weitere Beispiele, die diese Entwicklung illustrieren.

So war schon der sogenannte »Öffnungsbeschluss« in den Hochschulen der 1970er-Jahre Jahre eindeutig politisch motiviert. Aus meiner Sicht ein fatales Signal, weil der Beschluss eine im Grunde gute Entscheidung – nämlich das Offenhalten der tertiären Bildung für breite Schichten der Bevölkerung – mit keiner entsprechenden Finanzierung kombinierte. Die geburtenstarken Jahrgänge sollten von den Hochschulen durch das Schultern einer sogenannten Überlast aufgenommen werden. Aus einer für eine beschränkte Zeit erklärten Bereitschaft der Hochschulen wurde jedoch ein Provisorium auf Dauer. An vielen Hochschulen führte dies dazu, dass das Studium den Charakter einer Massenabfertigung bekam. Eingangsvorlesungen vor 600 Betriebswirtschaftsstudenten sind an manchen Universitäten keine Seltenheit, Seminare mit 120 Studierenden sind zur Ineffizienz verdammt. Studienzeiten verlängern sich, weil viele Studierende wegen Überfüllung erst gar nicht in jene Seminare hineingelangen, die sie als Voraussetzung zur Ablegung einer bestimmten Prüfung brauchen. In unserem Bildungssystem hat die Ökonomisierung in den letzten Jahren eine drastische Ausprägung erfahren. Die bis zu drei Millionen Studierenden, die sich auf nominell für deutlich weniger Menschen ausgestatteten Studienplätzen drängeln, können nicht alle mit Erfolg den Studiengang verwirklichen, der ihnen später den erfolgreichen Einstieg in das Berufs- und Erwerbsleben ermöglichen würde. Dies habe ich schon vor Jahrzehnten als ein Beispiel für eine zynische Ökonomisierung der Bildungspolitik gebrandmarkt. Geändert hat sich daran nichts, im Gegenteil.

Mehr Menschen in kürzerer Zeit durch ein Bildungssystem zu bringen, um ihnen schneller Türen für einen erfolgreichen Berufsweg zu öffnen – dieser Gedanke steckt auch hinter den verkürzten Gymnasialausbildungsgängen in Deutschland. Angespornt von der Diskussion über die hierzulande später als anderswo in den Beruf eintretenden Studienabgänger und vielleicht auch durch das Vorbild der Ex-DDR, die eine nur achtjährige Oberschulbildung kannte, verständigten sich die Bildungspolitiker auf die Einführung eines achtjährigen Ausbildungsganges. Was aber haben sie mit ihrem »D-Zug-Gymnasium« wirklich in die Realität umgesetzt? Erst einmal wurde

Geld gespart. Denn durch die Entscheidung, die Ausbildungszeit am Gymnasium von neun auf acht Jahre herabzusetzen, haben Bildungspolitiker rein rechnerisch die gymnasiale Ausbildung für die Staatskasse um mehr als zehn Prozent günstiger gemacht. Aber die Folgen der Reduktion sind drastisch: Vielerorts wird ein nur minimal entschlackter Stoffkanon ohne Rücksicht auf didaktische und entwicklungspsychologische Wissenschaftserkenntnisse im Eilverfahren vermittelt. Auch der Nachmittag wird mit Stoffvermittlung zugekleistert. Auf der Strecke bleiben die musischen, künstlerischen, sportlichen und sozialen Aktivitäten der jungen Menschen. Jugendgruppenarbeit, Musikunterricht, Sport – all das drängt sich an den wenigen freien Nachmittagen oder in den Abendstunden. Oder es findet gar nicht mehr statt. Denn freie Zeit ist für junge Menschen Mangelware.

Wirklich reformierte Lehrpläne, die sich mit der Realität einer vielerorts verkürzten Schulzeit arrangieren und die Chance ergreifen, auf den Wandel in unserer Lebens- und Arbeitswelt zu reagieren, sind nicht allzu häufig publik geworden. Lehrpläne müssten noch mehr die Entwicklung der Persönlichkeit in den Vordergrund stellen.

Wie müssten solche Lehrpläne der Zukunft aussehen? Ein solches Bild habe ich schon vor Jahrzehnten entworfen – Wirklichkeit ist es bis heute fast nur an Reform- und Privatschulen geworden. Schon damals galten für mich folgende Regeln: In einer neuen Schule, die den Bedürfnissen der Lernenden entspräche, gäbe es Lehrpläne, die nicht mehr nur auf Fachwissen in Englisch, Latein, Physik oder Mathematik getrimmt wären, sondern solche, die den Schülern Freiraum lassen würden, ihre Neugierde und ihre eigenen Interessen zu entwickeln. Es wären Lehrpläne, die Inhalte fächerübergreifend statt abschottend vermitteln würden. Rahmenbedingungen, die die Selbstorganisation der Kinder und Jugendlichen, angefangen vom Zeitmanagement bis hin zum sozialen Interagieren und Präsentieren innerhalb ihrer Gruppe, fördern. Und es wären schließlich Lehrpläne, die durch ihre Absicht, das Lernen zu lehren, die Neugierde der Schüler wecken und sie so zu wachen Teilhabern der Wissensvermittlung machen. Dies alles, so meine Vorstellung schon vor vielen Jahren, vermittelt von Lehrkräften, die sich als Begleiter, als Ratgeber und Coach der Schülerinnen und Schüler begreifen. Dass sich die Lehrerausbildung maßgeblich in diese Richtung verändert hat, kann ich noch nicht genug erkennen. Ja, viele dieser Überlegungen haben mittlerweile zum Glück den Weg in die Lehrerausbildung gefunden. Doch bis diese Erkenntnisse wirklich in der Praxis allgemeine Anerkennung finden werden, wird noch eine lange Zeit ins Land gehen.

*

Es ist Zeit, endlich die zentrale Frage der Bildung in Deutschland neu zu stellen: Wie wollen wir mit unseren Kindern umgehen? Wie wollen wir sie auf die digitalisierte Gesellschaft der Zukunft vorbereiten, auf die disruptiven Entwicklungen, die der Welt bevorstehen? Erfordert all das nicht eine ganz andere Vorbereitung auf das Leben als bisher? Und erfordert es deshalb nicht auch eine ganz neue Form von Schule?

So sieht die Realität des deutschen Bildungssystems aus:

Erstes Blitzlicht – PISA
Der Schock, den die früheren PISA-Studien in Deutschland auslösten, kam für Kenner des Systems

keineswegs unerwartet. Denn dass ein dreigliedriges, auf Auslese und reine Wissensvermittlung ausgerichtetes Schulsystem ein pädagogisches Auslaufmodell darstellt, war schon länger bekannt. Angesichts einer komplexen, globalisierten Welt ist damit in der Zukunft kein Staat mehr zu machen. Doch schon viel früher standen althergebrachte Bildungssysteme in der Kritik. Erinnern wir uns an den sogenannten Sputnik-Schock in den Fünfzigejahren oder an die berühmt gewordene »Bildungskatastrophe«, die der Bildungsforscher Georg Picht Anfang der Sechzigerjahre diagnostizierte.

Nachdem am 4. Oktober 1957 eine sowjetische Rakete den ersten Satelliten (Sputnik 1) erfolgreich ins All transportiert hatte, änderten die USA ihre Bildungspolitik. Denn es war klar geworden, dass man ein anderes Level erreichen muss, um nicht ins Hintertreffen zu geraten. Und Georg Picht sprach davon, dass »die Zahl der Abiturienten das geistige Potenzial eines Volkes bezeichnet«. Als käme es nur darauf an!

Der prognostizierte »Notstand« führte zu einer eilig begonnenen Bildungsreform, zu Experimenten im Schulsystem, wie beispielsweise zur Gesamtschule mit beabsichtigten flexibleren Übergängen. Letztlich blieb der altbekannte Selektionsmechanismus wirksam – nur mit neuem Namen etikettiert. Das Ergebnis schreibt uns PISA nicht nur in Bezug auf die kognitiven Defizite deutscher Schüler hinter die Ohren. Auch und gerade auf dem Gebiet der sozialen Selektion zeigt das bestehende System offensichtlich gravierende Mängel. So bestätigten die Ergebnisse der PISA-Forscher, dass das in Deutschland bestehende Schulsystem in hohem Maße Kindern von Migranten sowie aus sozial unterprivilegierten Elternhäusern den Erwerb höherer Schulabschlüsse erschwert. Damit setzt die Schulkarriere die soziale Prägung des Elternhauses konsequent fort.

Zweites Blitzlicht – Wissensgesellschaft
Auf der einen Seite steigen die Anforderungen, die Digitalisierung, Globalisierung und Komplizierung des Arbeitslebens mit sich bringen, für jeden. Fremdsprachenkenntnisse, soziale Schlüsselkompetenzen, Sicherheit im Umgang mit digitaler Datenverarbeitung und mindestens eine ausgeprägte Fachkompetenz sind zu Mindeststandards für einen Job mit Perspektive geworden. Das ist die eine Seite. Die andere Seite zeigt der Blick auf die Realität unseres Bildungs-

systems. Es gibt alarmierende Erkenntnisse über das Wissen, das unsere Schulen vermitteln. In manchen Großstädten Deutschlands verlässt ein Viertel der jungen Menschen die Hauptschulen, ohne einen Text mit einer Länge von drei Absätzen sinnerfassend lesen zu können. Bildungsforscher stellen fest, dass die Quote der funktionellen Analphabeten unter der erwachsenen Bevölkerung in unserem Land mittlerweile die Siebenprozentmarke überschritten hat. Das heißt: Jeder 14. Erwachsene in Deutschland ist lediglich in der Lage, einige Wörter wie »Eingang«, »Ausgang«, »Kasse«, »Herren«, »Toilette« oder seinen eigenen Namen zu lesen oder zu schreiben. Ein zynisch klingender Kommentar eines Bildungsforschers bemerkt dazu, dass Deutschland sich auf der weltweiten Bildungsskala mit solchen Zahlen noch hinter der sozialistischen Republik Kuba etabliert habe.

Drittes Blitzlicht – Selektion

Laut einem Bericht des Instituts der deutschen Wirtschaft wächst die Anzahl junger Menschen, die die Schule ohne Abschluss verlassen. Seit der Jahrtausendwende sei der Anteil von neun auf etwas über fünf Prozent deutlich zurückgegangen. Seit Kurzem steigen die Zahlen wieder. 2018 waren es fast sieben Prozent, die ohne Abschluss von der Schule abgingen. Dies hängt laut Analyse vor allem mit dem wachsenden Anteil von Menschen mit Migrationshintergrund zusammen. Von 2008 bis 2018 ist dieser von 19 auf 24,1 Prozent gestiegen. Fast ein Fünftel der Schüler mit ausländischen Wurzeln hat keinen Schulabschluss. Corona hat die Situation verschärft, weil durch die Kontaktbeschränkungen Gelegenheiten fehlten, Deutsch zu sprechen, kulturellen Austausch zu praktizieren und voneinander zu lernen.

Ein großer Teil der jungen Menschen, die ohne genügende Qualifikation und meist auch ohne Abschluss die Hauptschule verlassen, wird nie die Chance bekommen, eine befriedigende gesellschaftliche Position einzunehmen. Menschen ohne Schulabschluss enden später oft als Dauerarbeitslose und Hartz-IV-Empfänger. Das ist quasi vorgezeichnet.

Der Hauptgrund für diese erschreckende Zahl junger Leute, die unser Bildungssystem kurzerhand abschreibt, ist ein Merkmal, das unsere Schulen quasi als Webfehler durchzieht. Es ist das Beharren auf dem verhängnisvollen Prinzip der Selektion, das Festhalten unseres Schulsystems an dem vorrangigen Ziel der Auslese statt der Förderung des Einzelnen. Man kann das auch Aussieben nennen. Diese Selektion steht im krassen Widerspruch zur ureigenen Intention einer Pädagogik, in deren Mittelpunkt die Entwicklung einer Persönlichkeit steht. Eine gute Pädagogik ist fördernd und fordernd zugleich.

*

Die Selektion in den Schulen ist die logische Folge eines dreigliedrigen Schulsystems, das die ihm anvertrauten Schüler schon im zehnten Lebensjahr mit einer das Leben prägenden Entscheidung konfrontiert, die sie in der Regel nicht selbst mitbestimmen können. Denn am Ende der vierten Klasse entscheidet sich immer noch in vielen Bundesländern der Weg, wie es mit der Schule weitergehen soll: ob ein Kind das Gymnasium besuchen darf, die Realschule oder ob es mit der Hauptschule – auch gerne als Gemeinschaftsschule bezeichnet – vorliebnehmen muss. Die Problematik einer vom Zeitpunkt der Entwicklung des Kindes her betrachtet viel zu frühen Auswahl und Verteilung in verschiedene Schultypen strahlt bis in die unteren Klassen der Grundschulen aus.

Hier, wo eigentlich noch die Keimzelle des pädagogischen Anspruches von Erproben, pädagogischem Schutzraum und kontinuierlicher Förderung bewahrt werden sollte, fordern Eltern schon bei Zweitklässlern von den Lehrern immer häufiger eine schärfere Gangart bei der Stoffvermittlung. Befragt nach dem Hintergrund ihres Drängens, geben solche Eltern unumwunden zu: »Sonst hat unser Kind ja später keine Chance im Gymnasium!«

Pädagogen, Anthropologen, Psychologen und Mediziner weisen seit Jahrzehnten darauf hin, dass nicht nur der Auswahlmechanismus, sondern zudem auch noch der Zeitpunkt des höchsten Selektionsdrucks ausgerechnet in Entwicklungsphasen liegt, in denen der junge Mensch mit sich und seinem Wachsen am allermeisten zu tun hat. Denn etwa im Alter von zehn Jahren beginnt für viele Kinder bereits der Eintritt in die Pubertät. Wenn in der siebten, achten und neunten Klasse die meisten neuen Fächer auf sie zukommen, kämpfen viele von ihnen geradezu existenziell mit dem Erwachsenwerden. Es wundert mich nicht, dass in dieser Zeitspanne viele Schüler ein Schuljahr wiederholen oder die Schulform wechseln.

Wenn wir diese drei Blitzlichter der Bildungspolitik noch einmal im Überblick betrachten, merken wir schnell, dass hier vieles nicht zusammenpasst: die soziale Schieflage des Bildungssystems, wachsender Druck, um in Zeiten zunehmender Veränderungen jungen Menschen in relativ kurzer Zeit möglichst viel Wissen zu vermitteln, und ein Schulsystem, das auf starke Selektion setzt. Wir fragen in diesem System offensichtlich nicht mehr: »Was können Kinder alles – und wie können wir sie bestmöglich fördern?« Stattdessen reduzieren wir das Ganze auf eine Frage: Was müssten junge Menschen alles können, um den Forderungen unserer Gesellschaft möglichst stromlinienförmig zu entsprechen?

Damit begeht unsere Bildungspolitik einen verhängnisvollen Fehler, der auf ihre obrigkeitsstaatlichen Wurzeln verweist. War es doch in der Vergangenheit oft eine der ersten Aufgaben von Schule, für einen kontrollierten Gleichklang der Wissensgrundsätze in einer Gesellschaft zu sorgen, um Menschen möglichst widerspruchsfrei in die Gesellschaft integrieren zu können.

*

Aber das ist nicht das System, das den Wissensstandort Deutschland in die Zukunft führen wird. Wir brauchen schöpferische Kräfte, Menschen, die sich ihre Lebendigkeit und spielerische Freude am Entwickeln bewahren, intelligente, kreative Köpfe. Auch die PISA-Befunde belegen klipp und klar: Wir brauchen eine andere Bildungspolitik. Eine, die als Allererstes das Kind wieder in den Mittelpunkt unseres Nachdenkens und Handelns bringt. Alle Erkenntnisse zeigen klar, dass nicht Selektion, sondern einzig und allein sachgerechte Förderung jedes einzelnen Kindes Früchte trägt, wie es uns auch das Beispiel Finnlands zeigt. Auch Kinder wollen gefordert sein und ihr Können sichtbar machen.

Nach wie vor sind wir hierzulande im bisherigen System gefangen. Deshalb ändert sich auch trotz aller PISA-Analysen und hektischer Gymnasialzeitverkürzung nichts an den wirklichen Problemen unserer Bildungspolitik. Wenn bei der Verkürzung der Verweildauer auf dem Gymnasium, wie bereits erwähnt, lediglich die Ökonomie gewinnt, dann hat dies nichts mit nachhaltiger Bildungspolitik zu tun.

Solange nicht tiefgreifende Fragen nach wirklicher Bildung und ihren Zielen von den Politikern ins Auge gefasst werden, bleibt alles, wie es ist. Es ist höchste Zeit, dieses grundlegende Thema endlich richtig anzupacken. Wir haben Jahrzehnte darüber debattiert. Es geht nicht primär um die Frage, wie viele Jahre ein junger Mensch in der Schule zugebracht hat, sondern was er dort gelernt hat – und wie.

Die Pandemie hat uns auch ganz wichtige Einsichten nahegebracht, die uns unbewusst selbstverständlich erscheinen, aber in der Bildungspolitik nicht reflektiert werden. Die Hauptbotschaft lautet: Kinder brauchen andere Kinder um sich herum. Wir meinten, ganz entscheidend sind die Erwachsenen, die Eltern, die Mutter. Aber die geschlossenen Schulen haben uns deutlich gemacht, was Kinder vermissen: das Leben mit anderen Kindern. Das soziale Lernen ist genauso wichtig wie das kognitive Lernen. Und Kinder sind Entdecker und Gestalter, höchst erfindungsreich. Oft schaffen sie Neues aus dem Nichts.

*

Mittlerweile haben die meisten Politiker begriffen, wie wichtig Wissenserwerb und -anwendung angesichts drängender Konkurrenz auf dem Weltmarkt für unser Land geworden sind. Die Situation wird dadurch noch verschärft, dass wir in Zukunft immer weniger junge Menschen haben werden, die hierzulande Träger dieses Rohstoffes sein können. Das Bild der demografischen Tanne ist längst zu einer Palme geworden. Oben eine breite Krone, unten extrem schmal.

Das Wort Chancengleichheit ist nach meiner praktischen Erfahrung zu einer Floskel des politischen Sprachgebrauchs verkommen. Es sagt in der Praxis, wie PISA zeigt, nicht viel aus. Zudem wissen alle Politiker längst, dass eine Förderung gerade für Kinder aus benachteiligten Bevölkerungsgruppen schon im Kindergartenalter einsetzen muss. Oft wird auch von einer Chancengerechtigkeit gesprochen. Aber auch das bleibt hohl, weil meist keine Taten folgen. Warum klaffen Reden und Handeln gerade in der Bildungspolitik so weit auseinander? Wo bleiben die überzeugenden Taten? Alle Fakten, wissenschaftlich untermauert, liegen doch längst auf dem Tisch!

Wo bleibt die Förderung der sozialen Kompetenz in unserer Bildungspolitik? Fragt man Studierende oder junge Berufseinsteiger, was sie von dem, was sie während ihrer Schulzeit gelernt haben, in ihrem bisherigen Leben praktisch einsetzen konnten, so stößt man häufig auf nachdenkliches Schweigen. Manche sprechen über positive Erlebnisse, die meist viel mit dem sozialen Umfeld und der Interaktion mit einzelnen Lehrkräften zu tun haben. Nur in den wenigsten Fällen werden konkrete Lerninhalte als lebensrelevant benannt. Das macht stutzig.

Personalvorstände bedeutender Unternehmen sprechen über soziale Kompetenz, die sie händeringend suchen und bei vielen Absolventen unseres Bildungssystems schmerzhaft vermissen. Es geht ja nie um reines Fachwissen. Die soziale Kompetenz, die Interaktion mit anderen, Empathie, Rücksicht, Achtsamkeit – das wird gebraucht, gerade in Zeiten, in denen vieles im Umbruch ist. Erste Versuche vornehmlich privater Hochschulen zeigen, dass Angebote zum Thema soziales Lernen von den Studierenden geradezu begierig aufgesogen werden. Ein Hinweis darauf, wie wichtig dieses Thema auch für die Betroffenen selbst ist.

*

Lebenslanges Lernen – das ist so wichtig. Auch ich lerne immer wieder Neues dazu und freue mich daran. Doch ich erlebe auch, dass Menschen Angst vor Wandel haben und dies ihr Handeln bestimmt. Es ist offensichtlich auch immer noch nicht gesellschaftlicher Konsens, das Berufsleben als einen Prozess zu begreifen. Als schöpferische Fortentwicklung des Bestehenden und nicht nur als ständig wiederholtes Abarbeiten einmal erlernter Fähigkeiten. Doch solange auch die Bildungspolitik nicht beginnt, diesen Aspekt in den Vordergrund zu stellen, so lange wird sich das Bild, das wir vom Leben haben, nicht ändern. Das digitale Lernen haben wir zu lange den Fachkräften in der Arbeitswelt überlassen, aber es durchdringt unseren Alltag in fast allen Lebensbereichen: bei der Beschaffung von Informationen, in der Kommunikation, in Produktion und Handel, bei der Verteilung lebensnotwendiger Güter – überall ändern sich die Anforderungen und Rahmenbedingungen mit hohem Tempo. Wir müssen mit- und voneinander lernen, wie es am besten gehen kann, auch generationenübergreifend.

Als Individuen und als Gesellschaft sind wir gefordert zu prüfen, was zu erhalten ist und was verändert werden muss, um eine lebenswerte Zukunft zu gestalten.

Schon immer war es bequemer, im Bestehenden zu verharren, als das Neue schöpferisch zu gestalten. Aber Bequemlichkeit bringt uns nicht voran. Und eines ist klar: Die gesellschaftliche Gesamtsituation bleibt herausfordernd. Viele Zukunftsthemen fordern unseren ganzen Einsatz. Ein Ausprobieren, ein Neu-Versuchen – »try and error«. Nur so können wir neue Wege finden. Dass dabei nicht nur diejenigen mit den besten Schulnoten vorangehen sollten, steht für mich fest. Es braucht mehr: Neugierde, Lebensfreude, Lust am kreativen Schaffen. Und dies gilt es zu fördern.

# 8 // RENTEN: GEHT EHRLICHER MITEINANDER UM

»Die Rente ist sicher.« Erstmals hat Dr. Norbert Blüm, der von 1982 bis 1998 Bundesminister für Arbeit und Soziales war, diesen Satz im Wahlkampf 1986 ausgesprochen. Elf Jahre später wurde im Deutschen Bundestag mit den Stimmen der Fraktionen von CDU/CSU und FDP eine umstrittene Rentenreform verabschiedet. Eine deutlich gestiegene Lebenserwartung und eine geringere Geburtenrate zwangen die Politik zum Handeln. Damals dämmerte es den ersten Sozialpolitikern, dass angesichts der vorherrschenden demografischen Entwicklung in Deutschland die bisherige Finanzierung staatlicher Rente ein Auslaufmodell werden würde – spätestens dann, wenn irgendwann einmal die geburtenstarken Jahrgänge ins Rentenalter kommen. In der hitzigen Debatte wiederholte Norbert Blüm seinen Satz: »Die Rente ist sicher.« Mit der Absenkung des Rentenniveaus von 70 auf 64 sollten die Renten der Deutschen in Zukunft langsamer steigen. Zur Erläuterung: Das Nettorentenniveau beschreibt das Verhältnis der Nettorente eines so genannten Eckrentners mit 45 Beitragsjahren als Durchschnittsverdiener zum aktuellen Nettodurchschnittsverdienst aller Beschäftigten.

Ich erinnere mich lebhaft an den Leipziger CDU-Parteitag im Jahr 2003, bei dem einige damit begannen, sich für teilweise neoliberal anmutende Lösungswege zu erwärmen. Man berief sich auf die Bismarck-These, dass es Lebenssituationen gebe, in denen der Einzelne nicht allein gelassen werden dürfe – und wiederum andere, in denen auch das Prinzip von mehr Selbstverantwortung gelte. Damit war auch der Weg zu einer stärkeren Eigenverantwortung in der Rentenvorsorge schon vorgezeichnet.

Eines ist klar: Die Sicherung der Renten, eines der großen Themen, um die sich die deutsche Politik seit Jahrzehnten herumdrückt, birgt gewaltigen sozialen und gesellschaftlichen Sprengstoff. Und der Satz »Die Rente ist sicher« wird zunehmend zur Lebenslüge einer alternden Gesellschaft.

Denn der Anteil der Rentner an der Gesamtbevölkerung Deutschlands hat sich im letzten Jahrhundert zwischen den Jahren 1900 und 2000 mehr als verdreifacht: Von unter fünf Prozent auf über 17 Prozent. Zudem halbierte sich in dieser Zeit der Jugendanteil in der Bevölkerung. In der heutigen Diskussion wird immer wieder die These laut, dass die Rente eigentlich schon im letzten Jahrhundert hätte massiv reduziert werden müssen. Aber das Gegenteil trat ein: Die Rente wuchs in den vergangenen hundert Jahren auf einen guten Standard – trotz einiger bereits wirksamer Rentenreformen, die in der Praxis auf Kürzungen hinausliefen.

Die gesetzliche Rentenversicherung in Deutschland wird durch ein Umlageverfahren finanziert. Das bedeutet, dass die laufenden Rentenzahlungen überwiegend durch Rentenbeiträge der aktuell erwerbstätigen Menschen aufgebracht werden. Damit erwerben die aktiven Beitragszahler eigene Ansprüche auf eine Rente, die dann wiederum durch die nachfolgenden Arbeitnehmergenerationen finanziert werden müssen. Dieses System wird deshalb auch als Generationenvertrag bezeichnet.

Doch das ganze System ist in Schieflage geraten: Das Problem ist, dass aufgrund der demografischen Entwicklung in Deutschland Jahr für Jahr immer weniger Erwerbstätige für immer mehr Rentner aufkommen müssen. Denn einerseits bleibt die Geburtenrate niedrig, auf der anderen Seite steigt die Lebenserwartung der Menschen in Deutschland. Deshalb gibt es immer mehr Menschen in höherem Alter. Und wenn sie länger leben, beziehen sie auch länger Rente. Die Folge ist, dass die Rentenversicherung längst auch mit Steuermitteln in Höhe von zurzeit etwa 100 Milliarden Euro bezuschusst werden muss. Mittlerweile werden rund 30 Prozent der Ausgaben der Rentenversicherung dadurch gedeckt – dies entspricht mehr als einem Viertel des Bundeshaushalts.

Nun stehen die geburtenstarken Jahrgänge kurz vor dem Rentenalter. Wissenschaftler sehen deswegen »schockartig steigende Finanzierungsprobleme« auf die gesetzliche Rentenversicherung zukommen. Ist die Rente also sicher? Die klare Antwort muss lauten: Noch nicht!

Einige Politiker fordern den Erhalt des 48-Prozent-Niveaus in der Rente – meist aber ohne einen Hinweis darauf zu geben, wie sie das finanzieren wollen.

Zudem scheuen sich alle Politiker, eine Verlängerung der Lebensarbeitszeit überhaupt in Erwägung zu ziehen. Nur mühsam haben sich die Verantwortlichen 2012 darauf verständigt, die Altersgrenze für den Rentenbeginn stufenweise von 65 auf 67 Jahre anzuheben. Aber das reicht nicht, um die Finanzierung zu sichern.

Das wissen die Spezialisten schon längst. Trotzdem will man das heiße Eisen nicht anpacken. Denn es ist bitter, jüngeren Arbeitnehmern zu eröffnen, dass sie vielleicht bis 69 oder bis 71 arbeiten müssen, um eine Altersrente beziehen zu können. Oder dass es – wenn es bei der bisherigen Altersgrenze für den Renteneintritt mit 67 Jahren bleibt – für sie nur noch eine vergleichsweise geringe Rentenzahlung geben kann.

Wenn jedoch nach dem Willen der Politik an keiner der Schrauben gedreht werden soll, dann kommt wohl nur eine beträchtliche Erhöhung des Zuschusses aus Steuermitteln infrage. Das aber kostet den Staatshaushalt – ohnehin durch Corona schon stark gebeutelt – weitere Milliardenbeträge, die wir nicht haben.

Erste Berechnungen gehen von einem nötigen Zuschuss in Höhe von rund 140 Milliarden Euro in den nächsten Jahren aus. Und dies, obwohl die Zahlungen an die einzelnen Rentner hierzulande nicht üppig ausfallen: Denn schon seit 15 Jahren verfolgt die gesetzliche Rente in Deutschland nicht mehr das Ziel, allein den Lebensstandard der Rentnerinnen und Rentner zu sichern. So lag die durchschnittliche Altersrente 2018 nur bei 906 Euro im Monat. Männer bekamen 1148 Euro, Frauen 711 Euro. Und selbst wer 45 Jahre in die Rentenkasse eingezahlt hatte, bekam im Schnitt nur 1311 Euro brutto monatlich. Daher waren fast 560 000 Altersrentner Ende 2018 auf Grundsicherung angewiesen.

Besonders deutlich zeigt sich bei den Renten die Benachteiligung der Frauen. Laut einer Studie der Hans-Böckler-Stiftung haben Frauen in Deutschland nur einen halb so hohen Rentenanspruch wie Männer. Der sogenannte »Gender Pension Gap«, also die Rentenlücke der Frauen, liegt bei 53 Prozent. Der Analyse der Wissenschaftler zufolge schneiden Frauen bei allen drei Säulen der Alterssicherung (Einkünfte aus gesetzlicher Rente, Betriebsrente und privater Altersvorsorge) schlechter ab als Männer. Im Westen Deutschlands fällt die Lücke mit 58 Prozent deutlich größer aus als im Osten mit 28 Prozent.

Noch deutlich größer ist die Kluft bei der betrieblichen Altersversorgung in der Privatwirtschaft: Hier liegen die Frauen mit 240 Euro knapp 60 Prozent gegenüber den Männern zurück, die auf 593 Euro kommen. Zudem haben nur 7 Prozent der Rentnerinnen überhaupt eigene Ansprüche aus der betrieblichen Altersversorgung, unter den männlichen Rentnern sind es immerhin 26 Prozent.

*

Die Politik muss jetzt mit den Menschen reden und ihnen reinen Wein einschenken. Denn irgendwann kommt die Wahrheit ohnehin vollständig ans Licht. Und viele ahnen längst: Die Rente ist alles andere als sicher.

Einfach weitermachen wie bisher wird nicht funktionieren. Denn wir dürfen die nachkommenden Generationen mit diesem Problem nicht im Regen stehen lassen.

Mittlerweile liegt eine Reihe von Vorschlägen, wie es gehen könnte, auf dem Tisch. Darüber muss unsere Gesellschaft nun unverzüglich die Diskussion aufnehmen. Grundsätzlich gibt es fünf verschiedene An-

sätze, die Finanzierung der gesetzlichen Rentenversicherung zu stabilisieren.
Möglichkeit 1: Die Rentenbeiträge steigen.
Möglichkeit 2: Das Renteneintrittsalter steigt.
Möglichkeit 3: Das Rentenniveau sinkt.
Möglichkeit 4: Weitere Finanzierungsquellen werden erschlossen.
Möglichkeit 5: Der Bundeszuschuss steigt.

Doch jeder der Vorschläge stößt auf zum Teil erbitterte Gegenwehr: Arbeitgeber und Arbeitnehmer wehren sich mit Händen und Füßen gegen eine weitere Steigerung der Lohnnebenkosten. Deshalb wird die Erhöhung von Beitragszahlungen in den nächsten Jahren ausgeschlossen. Ebenso wehrt sich die starke Lobby der Gewerkschaften gegen eine weitere Erhöhung des Renteneintrittsalters. Dies, so das Hauptargument, sei vor allem den in körperlich anstrengenden Berufen den Menschen nicht zuzumuten. Dem stimme ich zu.

Das Rentenniveau abzusenken, würde noch mehr Menschen als ohnehin schon zu Unterstützungsfällen machen. Der Anteil derjenigen Rentner, die schon jetzt auf Hilfe zum Lebensunterhalt angewiesen sind, könnte durch eine solche Entscheidung dramatisch ansteigen. Auch die Überlegung, dass zukünftig alle Berufsgruppen etwas beitragen müssen, um die Renten dauerhaft zu finanzieren, erfährt scharfe Kritik. Beamte, Angestellte des öffentlichen Dienstes und auch Selbstständige pochen auf ihre Privilegien. Beamte weisen vor allem auf die Ihnen zugesagte Alimentationspflicht des Staates hin. Eine Neuregelung wird wohl auch juristisch mit dem Status der Beamten und der Angestellten im öffentlichen Dienst nicht vereinbar sein. Zudem zeigen Berechnungen, dass die Einbeziehung der Beamten keine wirkliche Entlastung der Rentenkassen ergeben würde.

Bleibt als fünfte Möglichkeit ein größerer Zuschuss aus dem Bundeshaushalt in die gesetzliche Rentenversicherung. Wenn die Rentenversicherungsbeiträge und das Rentenniveau stabil gehalten werden sollen, müsste dieser Zuschuss stark ansteigen, warnt der wissenschaftliche Beirat des Bundeswirtschaftsministeriums in einem Gutachten. Das ifo-Institut hat errechnet, dass bei Erhalt der derzeit gültigen Haltelinien für Beiträge und Rentenniveau in naher Zukunft 60 Prozent des Bundeshaushalts für die Rente ausgegeben werden müssten! Und selbst, wenn man diese vorab vereinbarten Haltelinien reißen würde, würde die Finanzierung der Rentenkassen bis zur Jahrhundertmitte fast 40 Prozent des Bundeshaushalts verschlingen.

*

Wir können nicht so tun, als wüssten wir das alles nicht. Es ist Zeit zu handeln und in der Rentenpolitik endlich die richtigen Weichen zu stellen.

Ein Punkt, der in der öffentlichen Diskussion eine wachsende Rolle spielt, ist die Frage nach der möglichen Ausweitung der Erwerbstätigkeit von Frauen. Derzeit beträgt der Anteil von Frauen an den Teilzeitbeschäftigten in Deutschland etwa 88 Prozent. Würde nur die Hälfte davon Vollzeit arbeiten, würden die Beiträge in die Rentenversicherung schlagartig ansteigen. Ob das allerdings überhaupt mit den anderen Aufgaben, die Frauen in unserer Gesellschaft übernehmen, vereinbar ist (Kindererziehung, Pflege von Angehörigen etc.), steht auf einem anderen Blatt. Und es darf auch nicht vergessen werden, dass die Ansprüche, die sich die dann Vollzeit arbeitenden Frauen gegenüber der Rentenkasse erwerben würden, ebenfalls steigen.

Ein weiteres Thema, das Politiker gerne verschweigen, sind die sogenannten versicherungsfremden Leistungen, die die Kassen der gesetzlichen Solidarsysteme belasten. Verbraucherschützer sehen darin »eine gigantische Umverteilung zugunsten der allgemeinen Staatsverpflichtungen«. Laut ihrer Berechnungen werden jährlich etliche Milliarden Euro für versicherungsfremde Leistungen aufgebracht, die die Beitragszahler und Unternehmen finanzieren müssen. Daher fordern Verbraucherschützer eine neue gesetzliche Festlegung – dass zukünftig nur noch Rentenleistungen aus den Rentenversicherungskassen bestritten werden dürfen.

*

Die Zukunft wird wohl auf ein Dreisäulenmodell hinauslaufen, in dem jeder für seine Altersversorgung teilweise auch selbst tätig werden muss. Die erste Säule ist die staatliche Rente, dazu kommt eine zusätzliche betriebliche Altersvorsorge (oder Leistungen berufsständischer Vorsorgewerke). Und als Drittes braucht es private Vorsorge für das Alter – Immobilieneigentum, Aktienfonds, Sparpläne. Das politisch erwünschte Ziel einer Kompensation der Absenkung des Rentenniveaus durch private Vorsorge wie etwa die Riester-Rente wurde bislang nur ungenügend erreicht. Hauptursache sind nach der Ansicht von Verbraucherschützern untaugliche Angebote mancher kommerziellen Anbieter. Bei manchen Verträgen werden sämtliche Zulagen und Zinsen des Sparers durch Verwaltungsgebühren aufgezehrt. Solche Machenschaften haben leider den Markt für durchaus sinnvolle Lösungen verbrannt.

Die Wohn-Riester-Angebote der Landesbausparkassen sind von diesem Negativurteil ausdrücklich ausgenommen. Denn sie können vor allem bauwilligen Familien mit Kindern eine außerordentlich lukrative Geldanlage bieten.

Ein wichtiger Baustein der Altersvorsorge könnte die Einrichtung eines staatlichen Vorsorgekontos für jeden einzelnen Bürger sein. Vorbilder dafür gibt es längst, etwa in Norwegen, Schweden oder Australien. Der Vorteil: Diese Konten werden vom Staat ohne Gewinnerzielungsabsicht betrieben. Sie bilden einen wachsenden Kapitalstock, ähnlich den Pensionsfonds in den USA. Das schwedische Modell wird dabei von deutschen Sozialpolitikern als besonders interessant angesehen, da es in Zeiten von Nullzinsen auch kontrollierte Engagements auf dem Aktienmarkt zulässt.

Dies alles müsste unsere Politik längst angegangen haben. Hat sie aber nicht. Die Frage steht im Raum: Warum eigentlich nicht?

9 // ENDLICH DIE TATSACHEN ANERKENNEN!

Unsere Welt ist in Aufruhr – nicht nur, was die drohende Umweltkatastrophe angeht. Wir Menschen tun offensichtlich alles, um unseren Planeten unwirtlich zu machen. Laut der Arbeitsgemeinschaft Kriegsursachenforschung fanden 2020 weltweit 25 Kriege und 4 sogenannte bewaffnete Konflikte statt – eine extrem große Zahl. Die Folge von Krieg und Konflikten sind Flucht und Vertreibung. Doch zunehmend gehören auch Umweltkatastrophen zu den Ursachen von ungewollter Migration. Die Zahl der Menschen, die weltweit vor Krieg, Konflikten, Verfolgung und Umweltzerstörung fliehen müssen, war laut der UNO noch nie so hoch wie heute – und sie steigt weiter an.

Laut dem Flüchtlingskommissariat der Vereinten Nationen (UNHCR) waren Ende des Jahres 2020 weltweit insgesamt 82,4 Millionen Menschen auf der Flucht.

Mitte 2021 – so schätzt das UNHCR – lag die Zahl der Geflüchteten bereits bei mehr als 84 Millionen.

Unser Land hat bei der Aufnahme von rund einer Million Menschen in den Jahren 2015 und 2016 eine große humanitäre Tat geleistet. Respekt! Zugleich hat diese Tat aber diejenigen Stimmen lauter werden lassen, von denen wir hofften, dass sie endgültig verstummt sein sollten. Wir haben es mit einer Reihe von Problemen zu tun, etwa der Zahl der Flüchtlinge und der Angst vor Überfremdung. Hinzu kommt die Notwendigkeit, bestimmte Zuwanderung, die zur Einwanderung geworden ist, so zu steuern, dass der Arbeitskräftebedarf unseres Landes und die Akzeptanz für bewältigbare Anteile von Flüchtlingen nicht vernachlässigt wird. Und schließlich sind Qualifizierung und Zusammenleben weitere wichtige Fragen.

Dass wir in Deutschland noch einmal Fremdenfeindlichkeit und Antisemitismus in einem solchen Ausmaß erleben würden, hätte ich als junge Frau nie gedacht.

Dabei will ich keinesfalls die positiven Kräfte übersehen, die unglaublich viele Menschen gerade nach dem Flüchtlingsjahr 2015 aufgebracht haben, um

Migranten mit Rat und Tat zu helfen. Diesen Mutmachern und Stützen unserer Gesellschaft gehört unser aller Respekt und Dank. Doch immer noch, so scheint es mir, haben Gegenkräfte wie die AfD, andere Rassisten und Neonazis so viel Zulauf, dass es einem um unsere freiheitliche, offene Gesellschaft bange werden kann.

Es gibt einige Gründe für diese Entwicklungen, die ich besorgt verfolge. Ein Grund ist sicherlich eine lange verleugnete, ja abgelehnte Zuwanderungspolitik, die auch die CDU zu lange wie ein Dogma vor sich her trug. Reden wir Tacheles: Manche Politiker meiner Partei meinen nach wie vor, Deutschland sei kein Zuwanderungsland. Diese Haltung war aber schon ein absurder Gedanke, als wir vor 20 Jahren in einer Zuwanderungskommission Vorschläge für eine bessere Integration von Migranten ausgearbeitet haben. Damals lebten ja längst jede Menge Menschen aus anderen Kulturen bei und mit uns. Ich fühlte mich, wenn ich an manche Diskussionen zurückdenke, manchmal wie auf einer einsamen Insel. Denn der Arbeit der Kommission – deren Vorsitz mir übrigens vom grünen Innenminister Otto Schily angetragen worden war, was viele in der Führungsriege der CDU empörte – waren Wahlkämpfe vorausgegangen, in denen manche Kollegen massiv Stimmung gegen Zugewanderte gemacht hatten. So warb etwa der damalige hessische Ministerpräsident Roland Koch 1999 mit einer Kampagne gegen die doppelte Staatsbürgerschaft um Stimmen rechts von der Mitte – die er dann auch bekam. Es fielen damals Sätze wie: »Wo kann man denn hier gegen Ausländer unterschreiben?«

Gemessen daran sehe ich in meiner Partei heute wesentlich mehr Toleranz. Auch mehr Gewissensentscheidungen Einzelner statt einem Festhalten an althergebrachten Dogmen. Ich weiß, wie Angela Merkel im Jahr 2015 damit gerungen hat, ob ihre Entscheidung, die Grenzen zu öffnen, richtig war. Sie war als reflektierende Naturwissenschaftlerin niemals naiv, ganz im Gegenteil. Aber ihre christliche Ethik ließ ihr in dieser Situation einfach keine andere Wahl, als sie das Elend der Zehntausenden Gestrandeten, darunter viele Frauen und Kinder, in teilweise erbärmlichsten Umständen sah. Für ihren Mut, für ihre Menschlichkeit, für die Größe ihrer Entscheidung bewundere ich Angela Merkel noch heute!

Dass Kräfte wie die AfD und Andere diese menschlich große Entscheidung dann zu einem »Ausverkauf

Deutschlands« ummünzen konnten, finde ich entsetzlich. Es zeigt mir sehr deutlich, dass wir es als Gesellschaft und als Partei der Christlich Demokratischen Union leider in den letzten Jahrzehnten versäumt haben, uns überhaupt einmal auf unsere Rolle als Einwanderungsland zu verständigen. Wir haben noch nicht mal gründlich genug überlegt, wie wir Integration eigentlich organisieren wollen. Vielleicht dachten manche zunächst vor allem an Pflegekräfte oder Ärzte, die zu uns kommen, um in Deutschland zu arbeiten; Menschen, die wir dringend brauchen, um das Gesundheitssystem zu stärken – und erst zu spät daran, was die eher Bildungsfernen, die zu uns als Geflüchtete kommen, an Zuwendung benötigen, um sich wirklich zu integrieren.

Auch Menschen, die zu uns kommen, um hier zu arbeiten, und diejenigen, die vor kriegerischen Auseinandersetzungen, Terror, Gewalt, politischer Verfolgung oder einer Hungersnot fliehen, haben Menschenrechte. Viele von ihnen haben die Hoffnung auf ein Leben in Sicherheit. Und wenn ein reiches Land wie Deutschland keinen Platz für solche Menschen hat – wer dann? Auch wir kennen unsere Grenzen.

Aber zuvor ist die Frage zu klären: Wie viel Platz haben wir für die Notleidenden?

Viele ältere Menschen in Deutschland haben nach 1945 selbst die Erfahrung von Flucht und Vertreibung machen müssen. Sie wissen, was es heißt, alles zurücklassen zu müssen, was einem lieb und wert ist.

Und oft wird vergessen: Deutschland ging es lange Jahre lang vor allem deshalb wirtschaftlich so gut, weil so viele Menschen aus dem Ausland zu uns kamen, um für sich und für uns zu arbeiten. Einem Satz wie »Deutschland den Deutschen«, gern von Rechtsradikalen skandiert, widerspreche ich nicht nur aus humanitären Gründen. Er verträgt sich auch nicht mit unseren sozioökonomischen Interessen.

Ja, ich habe dieses Beispiel schon oft benutzt – und ich tue es immer wieder gern: Ich denke an die Schimanskis, Czekanskys und Kossobuckis, die vor rund 100 Jahren aus Polen ins Ruhrgebiet zogen, um den deutschen Kumpeln zu helfen, Steinkohle aus dem Boden zu hauen. Sie wurden innerhalb zweier Generationen zu den Repräsentanten eines Menschenschlages – des Ruhrpott-Bewohners –, der in den typischen Bergarbeiterkolonien wohnte, sich dort behaglich mit Gemüsegarten, Ziege im Stall und

Taubenschlag auf dem Dach einrichtete und der rau, aber herzlich und vor allem mit unerschütterlichem Humor die Wechselfälle des Lebens zu meistern wusste. Menschen, »die in die Hände spuckten und malochten.« Die keine Berührungsängste vor anderen Menschen und fremden Kulturen hatten. Und die den Kohlenpott zum deutschen »melting pot« der Nationen machten.

Dies alles ist gar nicht lange her. Blicken wir weiter zurück, gab es immer wieder in der Geschichte Episoden von geglücktem Angenommensein, vom toleranten Zusammenleben von Menschen unterschiedlicher Herkunft und unterschiedlichen Glaubens. Heute haben fast 27 Prozent aller Menschen, die in Deutschland leben, ausländische Wurzeln. Das trägt bei zu Vielfalt, Weltoffenheit und gegenseitigem Verstehen.

Die historische Entwicklung in unserem Land ist auch ein Zeugnis für einen nach langen Kämpfen und Konflikten vollzogenen Frieden zwischen den Konfessionen. Unser Land, das nach Reformation und Gegenreformation blutige Glaubenskriege durchlitt, hatte es im 19. Jahrhundert endlich geschafft, die einst so fundamental trennenden Unterschiede zwischen Katholiken und Protestanten in den Hintergrund der gesellschaftlichen Auseinandersetzung zu verbannen. Als Konfliktpotenzial spielen konfessionelle Unterschiede heute jedenfalls keine große Rolle mehr. Stattdessen gibt es an vielen Stellen eine ökumenische Zusammenarbeit.

Belastend bleiben die verheerenden Konsequenzen der Verfolgung und Vernichtung jüdischen Lebens durch die Nationalsozialisten.

*

Und dann ist da die Angst vor Überfremdung. Betrachtet man die Geschichte der Ausgrenzung, dann wird eines deutlich: Es ist immer das Unbekannte, das Fremde, das, was anders ist, was zur Zielscheibe einer fatalen Projektion von Angst und Ablehnung wird und manchmal gar zu Verfolgung führt. Die Mechanismen sind stets dieselben. Die Vorurteile bewegen sich in Schablonen: »Diese und jene dort gehören nicht dazu, weil sie mir fremd sind.« Menschen, die anders aussehen, eine andere Hautfarbe haben, eine andere Sprache sprechen, andere Kleidung tragen oder einer fremden Religion anhängen. Denen, die Toleranz niemals selbst als Reisende in anderen Gesellschaften erlernt haben, erscheint das Fremde als Bedrohung. Es gibt nach den Erkenntnissen der Sozialforschung durchaus eine Korrelation zwischen mangelnder Welterfahrung, mangelnder Ausbildung und mangelnder sozialer Einbettung von Menschen auf der einen und ihrer Disposition zur Ablehnung von Migranten bis hin zu explizitem Fremdenhass auf der anderen Seite. Solches Denken in Schwarz-Weiß-Kategorien will man verdrängen, aber es ist da. Wir müssen auch in der Politik die Existenz solcher Denkschemata wahrnehmen. Jede andere Reaktion wäre fahrlässig angesichts der Exzesse rechtsradikaler, fremdenfeindlich motivierter Gewalt in unserem Land. Ein Treiben, das in mir in den letzten Jahren immer öfter Gefühle von Trauer, Wut und Scham ausgelöst hat.

*

Auch wenn es kontrovers gesehen wird: Deutschland ist ein Einwanderungsland! Und wird es auch in Zukunft sein. Das multikulturelle Zusammenleben und die Bejahung von Vielfalt ist längst eine soziale Realität geworden. Aber damit wir uns richtig verstehen:

Meine Feststellung zu diesem Thema darf man nicht mit endloser Toleranz für jedes Verhalten verwechseln. Als pragmatische und realistische Menschen dürfen wir gerechtfertigte Kritik am Verhalten mancher Ausländergruppen nicht zur Seite schieben. Denn es gibt Gruppen, die sich in ihrer abgrenzenden Lebensweise demonstrativ gegen das Angebot der kulturellen Teilhabe in Deutschland wenden. Diese Gruppen, die die totale Konfrontation und Abgrenzung suchen, verschärfen die Gettomentalität.

Für alle, die sich auf das Abenteuer der Begegnung einlassen, die zur Kommunikation miteinander bereit sind und dafür die sprachlichen und mentalen Voraussetzungen schaffen, kann multikulturelles Zusammenleben eine Bereicherung sein. Das geht weit über die Pizza beim Italiener, den Döner beim Türken oder die Pekingente, die man im Chinarestaurant genießt, hinaus. Viel nachdrücklicher ist die erlebbare Integration von Menschen an den Orten, wo sie miteinander arbeiten und leben, einkaufen, essen oder feiern. Die gesellschaftliche Realität des Zusammenlebens mit mittlerweile 7,5 Millionen Menschen, die aus anderen Ländern stammen, ist in Deutschland reibungsloser, als wir das oft wahrnehmen.

Aber ich bin nicht blauäugig. Es gibt eine Reihe klar bestimmbarer Probleme, die in unserem Land die Teilhabe von Migranten, Menschen, die aus anderen Kulturen stammen, nach wie vor erschweren oder sogar verhindern. Die Ursachen dafür liegen auf beiden Seiten – bei Deutschen ebenso wie bei Ausländern, die zu uns kommen. Friedliches Zusammenleben erfordert das Anerkennen der deutschen Lebensnormen, wie sie im Grundgesetz verankert sind: Respekt und Toleranz, aber vor allem die Bereitschaft zum Miteinander.

*

Zusammenhalt statt Spaltung: Sozialwissenschaftliche Untersuchungen aus der jüngsten Zeit belegen, dass fremdenfeindliches und rechtsradikales Gedankengut sich in erschreckendem Maße quer durch fast alle gesellschaftlichen und sozialen Gruppen der bundesrepublikanischen Bevölkerung zieht. Die Gesellschaft ist in der Migrationspolitik tief gespalten. Rund 60 Prozent der Deutschen glauben, dass das Land die Aufnahme von Flüchtlingen gut verkraften kann, 40 Prozent sind vom Gegenteil überzeugt. Das

Jahr 2015 hat, wie es der Politikwissenschaftler Herfried Münkler formuliert, eine »Spaltungslinie in der deutschen Gesellschaft offengelegt«.

Sehen wir der Tatsache ins Auge: Ein Teil der Menschen in diesem Land wäre wohl froh, wenn man die Einwanderungen stoppen würde und das Modell des multikulturellen Zusammenlebens keine Zukunft hätte. Denn dann müssten sie sich nicht mehr der Aufgabe stellen, auf den anderen einzugehen, sich das Fremde genauer anzuschauen. Aber angesichts der weltweiten Entwicklungen Grenzen zu schließen, kann aus meiner Sicht keine vernünftige Option sein. Wir haben eine humanitäre Verantwortung.

Was können wir tun, um die Fremdenfeindlichkeit aufzubrechen? Zunächst einmal gilt: Wir dürfen diese Gegenkräfte nicht einfach nur verurteilen, aber wir dürfen sie ebenso wenig unkommentiert lassen. Stattdessen müssen wir immer wieder von Neuem Möglichkeiten dafür schaffen, dass unsere Gesellschaft zusammenwächst. Die kleinsten Einheiten des Zusammenlebens, die Nachbarschaften und die Kommunen spielen dabei eine große Rolle. Dort müssen wir dafür sorgen, dass der gemeinsame Alltag gelingen kann. Bürgermeister, Stadträte und Ehrenamtliche leisten jeden Tag viel dafür. Kommunen sind die wichtigste Einheit der Demokratie, das wird in Berlin zu wenig gesehen. Wir sollten sie stärken, zumal jetzt in der Corona-Krise. Denn die Folgen der Pandemie, das zeigen die ersten Analysen, verschärfen den Abstand zwischen Benachteiligten und Begüterten. Ängste und Irrationalität nehmen zu – das zeigen auch die sogenannten »Querdenker«-Demonstrationen. Wir dürfen diesem Auseinanderdriften und dem Beharren auf Extrempositionen nicht einfach tatenlos zuschauen!

Unser Land wird sich auf Dauer nur in einem gelingenden Miteinander mit Menschen aus anderen Ländern und Kulturen entwickeln können. Das zu gestalten, ist eine herausfordernde Aufgabe für Politik und Gesellschaft. Die Gründe dafür sind hinreichend bekannt: Der demografische Wandel, der erst langsam in das Bewusstsein der Menschen dringt, wird unser aller Leben radikal verändern. Die Zahl der Geburten hat seit Ende der 1960er-Jahre in Deutschland deutlich abgenommen und steigt erst seit wenigen Jahren wieder leicht an. Und wir brauchen frische Kräfte von außen für ein besseres Generationenverhältnis.

Bei allem, was gerade auf uns einstürmt, gibt es eine Gewissheit: Wir stehen den Entwicklungen nicht ohnmächtig gegenüber. Veränderung ist möglich – und zwar durch jeden Einzelnen. Es ist für mich keine Option, nur betroffen dazustehen und zu sagen: »Tja, da kann man halt nichts machen!«

Gemeinsam können wir gegen unmenschliche Zustände kämpfen. Geflüchtete aufnehmen, Hungernden zu essen geben, das, was wir besitzen, teilen, für Gerechtigkeit sorgen, den Nächsten lieben – das ist die Botschaft des Christentums.

10 // STEHT AUF!

Zu meinem 80. Geburtstag habe ich ein paar Gedanken aufgeschrieben. Der Text war zunächst als ein Brief an meine Enkel, meine Familie und enge Freunde gedacht. Doch manchen Leserinnen und Lesern gefiel das kleine Werk so gut, dass ich mich entschloss, es unter dem Titel »Überlasst diese Welt nicht den Wahnsinnigen« zu publizieren. Inzwischen sind vier Auflagen des kleinen Bandes erschienen. Der Erfolg hat mich überrascht. Denn die Kernbotschaft dieses Buches ist durchaus unbequem. Sie lautet: Folgt nicht den Rattenfängern! Steht auf und verteidigt die Ideale der Demokratie! Und: Wehrt euch gegen die Wahnsinnigen!

Eine solche Wehrhaftigkeit, so mein Eindruck in der Rückschau der vergangenen Jahre, ist heute wichtiger denn je. Eine Gegenposition muss stark in der Argumentation sein. Polemik genügt nicht. Und es braucht in unserer parlamentarischen Demokratie eine gute Vorbereitung auf die geistige und politische Auseinandersetzung, damit man seinem Gegner auch gewachsen ist. Einzelkämpfer sind chancenlos, wir müssen uns zusammenschließen. Denn egal, in welche Richtung wir blicken: Die offene Gesellschaft hat heute wohl mehr Feinde als jemals zuvor in der Geschichte der Bundesrepublik.

Zu den Wahnsinnigen, die dieser offenen Gesellschaft mit Misstrauen und Ablehnung begegnen, zählen jene, die meinen, Krieg, Terror und Gewalt wären legitime Mittel, um Interessen durchzusetzen, die eine Nation, eine Gruppe oder ein einzelner Mensch für sich in Anspruch nimmt. Wir leiden heute unter so vielen Kriegen und Terroranschlägen wie schon lange nicht mehr. Während ich diese Zeilen formuliere, hat sich gerade in Liverpool ein Extremist in einem Taxi auf dem Weg zu einem Gedenkgottesdienst für die Opfer des Zweiten Weltkrieges in die Luft gesprengt. Zum Glück war der Taxifahrer aufmerksam und hat Schlimmeres verhindert, indem er den Selbstmordattentäter in seinem Wagen einschloss.

Einige Gruppen, die einer pluralistischen, weltoffenen, gerechten und gleichberechtigten Gesellschaft ebenfalls den Kampf angesagt haben, leben mitten unter uns. Dazu gehören die sogenannten Reichsbürger, krude Antidemokraten und die Querdenker. Teilweise haben sie ein Gedankengut, das Hitler und den Antisemitismus reaktiviert. Ihre Opposition schließt auch Gewalt ein. Demokratische Teilhabe lehnen viele grundsätzlich ab. Manche sind bereit, mit Gewalt die Macht zu übernehmen. Und viele Anhänger dieser Gruppe wenden sich massiv gegen Ausländer und scheuen auch vor physischer Vernichtung nicht zurück.

Bei den sogenannten Querdenkern sammelt sich eine Mischung von Enttäuschten, Verängstigten und Systemumstürzlern. Die Devise: »Laufen lassen, nicht ernst nehmen« hilft nicht. Nein! Es braucht harte Gegenargumente, Widerstand!

Wir dürfen eine Gruppierung nicht vergessen: die schweigende Mehrheit. Dazu gehört ein Großteil der Bevölkerung. Sie würde selbst niemals auf den Gedanken kommen, eine Gefahr für unser Land sein zu wollen – nein, diese Gruppe von Menschen wäre wahrscheinlich entrüstet, wenn man sie mit diesem Verdacht konfrontieren würde. Doch in der Tat. Sie ist gefährlich – die sogenannte schweigende Mehrheit der Deutschen. Denn sie überläßt die Demokratie sich selbst und macht es sich nicht einmal bewusst. So aber können wir nicht weitermachen.

*

»Unverschämtheit!«, höre ich da einige rufen. Deshalb will ich diese Provokation erklären: Nach allem, was ich über die Katastrophe des Nazireichs weiß, habe ich zwei Einsichten. Die erste lautet: unglaublich, wie schnell alle Werte, von denen man glaubte, das Volk der Dichter und Denker würde sie nie und nimmer aus seinem kollektiven Gedächtnis streichen können, durch die Naziherrschaft verleugnet wurden. Millionen von Menschen machten mit, viele, sehr viele sogar mit Begeisterung. Hier sage ich mit Hannah Arendt: Denkt daran, dass das Vergangene stets wiederkehren kann!

Die zweite Einsicht weist in die Zukunft: Demokratie fällt nicht vom Himmel. Freiheit ist kein Gottesgeschenk, Humanität und friedliches Zusammenleben müssen von allen Menschen einer Gesellschaft täglich neu erfahren und gelebt werden. Und dies geschieht nicht, wenn sich die Mehrheit einer Gesellschaft ins Private zurückzieht und sich in die Schar der schweigenden Mehrheit einsortiert.

Verfassungsschützer warnen besorgt vor der immer weiter voranschreitenden Vernetzung von Rechtsradikalen und Demokratiegegnern in unserem Land. Wir dürfen deshalb nicht aufhören, Widerstand zu leisten. Ein Beispiel für einen unbeugsamen Willen, den Menschenverächtern die Stirn zu bieten, ist der evangelische Pfarrer Wilfried Manneke. Als er nach einigen Jahren beruflicher Tätigkeit in Südafrika in die Nordheide kam, war er entsetzt: »Ich dachte, ich lebe in einer Idylle. Dann merkte ich, dass neue Rechte sich aufgemacht haben, die Städte vom Land aus zu erobern!« Seit vielen Jahren organisiert Wilfried Manneke den Widerstand aufrechter Bürger gegen Neonazi-Camps, Pseudo-Nazi-Kult-Feiern oder Versammlungen der Anhänger kruder Rassentheorien – unbeirrt von Angriffen, Morddrohungen und sogar einem Brandanschlag auf sein Haus.

In Zeiten der Bedrohung stellt sich schnell Unsicherheit ein. Angst, dass man nichts tun kann oder selbst ein Opfer von Gewalt werden könnte. Und ja, die Angst ist sicherlich nicht unbegründet. Aber wir sind nicht hilflos! Wenn viele gemeinsam aufstehen, lässt sich vieles bewegen. Ruhe ist eben nicht die erste Bürgerpflicht. Tatsächlich ist es gelungen, dem Treiben der neuen Rechten an vielen Stellen in der Heide Einhalt zu gebieten. Für seinen Einsatz hat der Zentralrat der Juden Pfarrer Manneke vor einigen Jahren den »Paul-Spiegel-Preis« verliehen.

Beispiele wie dieses können uns Mut machen, selbst aktiv zu werden. Denn wir müssen die Lähmung überwinden und den Rückzug vermeiden, wenn das Humane überleben will. Alles, was es dazu braucht, ist der Wille, sich auf das Rettende zu besinnen: auf die Hoffnung und auf die Menschlichkeit.

Aus diesem Willen heraus entstand auch unser Grundgesetz, die Basis unserer Bundesrepublik. Mit unserer Verfassung sind wir der freieste und demokratischste Staat, den es je auf deutschem Boden gab. Er entstand, weil die historische Katastrophe Nazideutschlands durch einen Gegenentwurf zur Barbarei überwunden werden musste.

Jede Generation ist aufs Neue dazu aufgerufen, jede weitere Barbarei zu verhindern, Unmenschlichkeit, Hass, Populismus und Dummheit die Stirn zu bieten. Sich nicht ins Private zurückzuziehen – sondern dort anzupacken, wo es gilt, gegenüber den Feinden der Demokratie eine Position klarzumachen. Haltung und die Bereitschaft zu zeigen, Widerspruch einzulegen. Die Stimme zu erheben, wenn es nötig ist – und das alles aus der Überzeugung, dass unsere Demokratie es wert ist.

*

Wann fängt der Mensch an zu fragen – nach sich und dem anderen? Kinder tun das im jüngsten Alter. Denn jeder Mensch sucht Bezugspunkte, die ihm Vertrautheit und Sicherheit vermitteln.

Ich war, wie meine Eltern berichteten, immer interessiert an allen Dingen, die ich nicht kannte. Solche Neugierde musste gestillt werden. Und da verdanke ich ihnen, besonders meinem Vater, sehr viel. Er ermutigte mich ausdrücklich, immer wieder Fragen zu stellen. Seine Maxime lautete: »Hört nicht auf zu fragen! Seid neugierig!« Diese Haltung verdankte er seiner Verehrung der »Erkenntnis durch den Dialog«, der sogenannten Hebammenkunst des griechischen Philosophen Sokrates. Im Gespräch mit dem anderen lassen sich neue Vorstellungswelten kennenlernen.

Es ist die Wurzel der geistigen Bewegung und Entwicklung. Wir bezeichnen dies oftmals kurz als Wissen. Doch immer öfter verstummt das Gespräch angesichts veränderter Kommunikationsformen. Die digitalen Informationsmöglichkeiten verdrängen den Diskurs, die Rede und Gegenrede, den Austausch von Angesicht zu Angesicht. Die sogenannten sozialen Netzwerke führen unkritische Nutzer in Filterblasen, in denen sie nur noch die eigenen Anschauungen und Meinungen widergespiegelt bekommen – und seien diese auch noch so krude. Doch wir sollten festhalten: Wir lernen erstens nur dadurch, dass wir uns gegenseitig kennenlernen. Und zweitens dadurch, dass wir uns dem Gegenüber öffnen. Das Zusammensein ist wichtig, weit über die Möglichkeiten der digitalen Kommunikation hinaus. Hassbotschaften und gegenseitige Abwertung bis hin zur verbalen Vernichtung fallen in der Anonymität des Netzes leicht. Doch sie zerstören den Konsens und die Kultur einer offenen Gesellschaft, die vom Dialog lebt.

*

Unsere Stimme wird gebraucht. Denn die Gegner der Demokratie kennen keine Grenze. Sie weichen nur zurück vor entschlossenem Widerspruch. Verführungskraft ist eine Eigenschaft des Populismus, Frechheit eine zweite. Wir müssen dieser Frechheit Einhalt gebieten! Denn irgendwann gibt es vielleicht keinen Staat mehr, der die schweigende Mehrheit dann vor Willkür, Demagogie, Verleumdung und Autokratie schützen könnte.

»Empört euch!«, schrieb einst der Kapitalismuskritiker Stéphane Hessel in seiner Botschaft an die Jugend der Welt. »Steht auf!«, möchte ich allen zurufen, die noch zögern. Als besorgte Bürger müssen wir das Humane vertreten und verteidigen, unsere Stimme gegen Gleichgültigkeit und Lobbyinteressen erheben! Und das bitte nicht übermorgen, sondern gleich. Unser Handeln ist *jetzt* erforderlich. Denn es ist keine Zeit mehr, abzuwarten.

Wer schweigt, wird irgendwann von den Lautstarken übertönt. Das zeigt die Erfahrung. Mit Schweigen und Duckmäuserei ist in dieser Gesellschaft kein Blumentopf zu gewinnen. Denn wer die Diskussion den Schreihälsen, den Fake-News-Spinnern und den

Lautsprechern überlässt, den Populisten und Fremdenfeinden, den Ewiggestrigen und den Radikalen, der darf sich am Ende nicht wundern, dass die freiheitliche, offene, tolerante und friedliche Gesellschaft, die wir alle so sehr schätzen, in Trümmern vor uns liegen wird.

Wer schweigt, stimmt zu! Zu Unrecht, Hass, Gewalt, Fremdenfeindlichkeit. Deshalb muss die schweigende Mehrheit endlich erkennen, dass sie den Mund aufmachen muss. Sonst wird sie stummer Zeuge der Zerstörung dieser Demokratie sein.

Viele von uns meinen, dazu erzogen worden zu sein, ihre Meinung frei zu sagen. Aber sie tun es zu wenig oder gar nicht! Doch diese Freiheit gilt es zu entwickeln und die Stimme zu erheben, wenn etwas nicht in Ordnung ist.

EPILOG

»Dennoch!« Dieses Wort hat mich durch mein ganzes Leben begleitet. »Dennoch« ist ein Wort, das für manche Menschen nicht mehr allzu vertraut zu sein scheint. Zeugt es doch auf den ersten Blick von einer altertümelnd klingenden Bereitschaft, als Mensch oder als Politiker in seinem Amt keine Scheu zu haben, Widerspruch einzulegen, die Stimme zu erheben, es sich und anderen unbequem zu machen – um einer Überzeugung willen. Das Wort verbindet sich auch mit dem Gedanken der Unbeugsamkeit, es riecht nach hartnäckigem Nachfragen und dem Gestus eines Menschen, der sich nicht mit der ersten und schnellsten Antwort zufriedengeben will. Und falsch ist das nicht.

»Dennoch« steht für meine tief verwurzelte Skepsis gegenüber eindimensionalen Weltbildern, für das Misstrauen gegen schlichte Ratschläge, die uns manche Politiker und Wirtschaftslenker gerne anbieten möchten. Für die Weigerung, sich mit bestimmten Zuständen abfinden zu sollen, weil sie halt so sind, wie sie sind. Dahinter steht die begründete Forderung an jeden denkenden Menschen, seine Zweifel gegenüber allem Vordergründigen und allem Unklaren in Worte zu fassen und laut und deutlich auszusprechen.

Es gibt in unserer Gesellschaft ein Verhalten, das sich auf einen merkwürdigen, fatalistischen Konsens stützt, der da lautet: »Wie schlecht alles geworden ist!« Auch und gerade hier ergreift mich die Lust zur Gegenrede. Dann sage ich mit Überzeugung: Entgegen allen negativen Erfahrungen, die das Leben nun mal für jeden von uns bereithält, hat mich diese Überzeugung gelebter Zuversicht stets begleitet und gestärkt. Es ist nicht alles negativ. Schaut auf die Menschen, die immer zur Stelle sind, wenn sie gebraucht werden, um Not abzuwenden. Immer wieder geben mir Menschen, denen ich auf meinem Weg begegne, Anlass, an das mutige Anderssein, an dieses fröhlich gelebte »Dennoch« zu denken.

Das ist nicht nur so, weil ich davon überzeugt bin, dass uns bestimmte Werthaltungen und Verhaltensweisen verbinden, wie sie die biblische Bergpredigt benennt. Wenn Menschen feststellen: »Es geht auch anders« – dann geben sie anderen einen Hinweis darauf, dass es sich lohnt, über Alternativen nachzudenken und diese in die Tat umzusetzen. Ja, ich bekenne mich ohne Wenn und Aber zu Prinzipien wie Vertrauen, Hoffnung und Zuversicht. Das will ich in diesem Buch zeigen, denn sie haben nichts von ihrer Berechtigung verloren. Auch nicht in Anbetracht von Klimakrise, Rentendebakel und zu vielen halbherzigen politischen Entscheidungen. Wir können und müssen jetzt handeln. Das werden wir auch tun.

*

Mein »Dennoch« entspringt nicht dem Trotz und dem Verweigern – im Gegenteil. Das Wort »dennoch« beschreibt die Möglichkeit und Energie von uns Menschen, zusammen mit anderen neu aufzubrechen – auch nach einem Scheitern. Immer wieder zu versuchen, seinen Grundüberzeugungen treu zu bleiben. Es ist nicht Trotz, sondern Vertrauen in die anderen und in mich selbst. Wir werden nicht aufgeben, auch wenn wir bisweilen schwächeln.

Es geht um die »Freiheit des Menschen, aufzubrechen, wohin er will«, wie Friedrich Hölderlin vor zweihundert Jahren in seinem Gedicht »Lebenslauf« schrieb. Wenn der Reformator Martin Luther sagt, dass er heute noch ein Apfelbäumchen pflanzen würde, auch wenn er wüsste, dass morgen die Welt unterginge, spricht daraus ebendiese Hoffnung.

Gelingen und Scheitern liegen stets nahe beieinander – im Schicksal eines Menschen genauso wie in der Geschichte von Nationen. Gerade wir Deutschen wissen aus schmerzlicher Erfahrung, wie tief der Abgrund sein kann, in den die Kultur einer ganzen Nation verschwinden kann. Die Barbarei des Nazireichs war und bleibt bedrückend – stärkte aber auch die Bereitschaft zum Neubeginn. Sie führte den Philosophen Theodor W. Adorno zu seiner erschütternden Feststellung, dass nach Auschwitz eigentlich kein Gedicht mehr geschrieben werden könne. Aber sie werden wieder geschrieben, zu gestrigen und heutigen Themen. Die Hoffnung hat den Bann gebrochen.

Genauso gilt es im Leben, sich persönlichen Katastrophen bewusst zu stellen, sollten sie eintreten. Denn niemand von uns ist dagegen gefeit: Krankheit,

Trennung, Verlust geliebter Menschen, Angst vor dem Morgen, Zweifel über den eigenen Weg, Misserfolg im Beruf – niemand kann sich vor solchen und anderen Lebenskrisen sicher wissen.

Vor uns liegen sehr große Herausforderungen. Wir sind jetzt aufgefordert, sie zu bewältigen. Ich habe die Hoffnung, dass es uns gelingen wird – trotz aller Schwierigkeiten. Und diese Hoffnung auf eine bessere Welt, die wünsche ich auch Ihnen.

DANKSAGUNG

Dieses Buch wäre nicht entstanden ohne die Unterstützung und den Rat meines Freundes, des engagierten Journalisten Prof. Dr. Christoph Fasel. Ich danke ihm sehr.

Foto: © Julia Baumgart

Rita Süssmuth, Jahrgang 1937, gehört zu den angesehensten deutschen Politikerinnen und ist Mitglied der CDU. Ihr Weg führte über die Wissenschaft zur Politik. Zu ihren Hauptthemen zählen: Bildung, Konflikte in der Gesellschaft, Gleichberechtigung, Migration und Integration. Sie war von 1985 bis 1988 Bundesministerin für Jugend, Familie und Gesundheit (ab 1986 Jugend, Familie, Frauen und Gesundheit) und von 1988 bis 1998 Präsidentin des Deutschen Bundestages. Mit fast zehn Jahren war ihre Amtszeit die drittlängste in der Geschichte des Bundestages.

www.rita-suessmuth.de

Für eine bessere Welt

Ihre Politik steht für Menschlichkeit und Achtung, für Haltung, Würde und Mut. Mit diesen Werten hat Rita Süssmuth als Ministerin unmenschliche Entscheidungen verhindert, sich mit den Mächtigen angelegt, Engstirnigkeit und Vorurteile entlarvt. Das neue Buch der beliebten CDU-Politikerin ist ein Aufruf an nachfolgende Generationen, ihr Schicksal nicht Blendern, Machtversessenen und Zynikern zu überlassen – sondern für die Freiheit und die Demokratie einzustehen.

Rita Süssmuth

Überlasst die Welt nicht den Wahnsinnigen

Hardcover · 112 Seiten
ISBN 978-3-96340-136-7
€ [D] 12,– · € [A] 12,40

Das Mutmacher-Buch

Zuversicht ist eine innere Kraft, die vieles zum Positiven verändern kann. Mit ihrer Hilfe können wir in schwierigen, scheinbar aussichtslosen Situationen neue Perspektiven entdecken. Doch wie gelingt es, angesichts eines Schicksalsschlags oder einer Pandemie die Zuversicht zu bewahren? Bestsellerautorin Melanie Wolfers zeigt Wege auf, wie wir Zuversicht gewinnen und stärken können. Sie erzählt von Menschen, die in düsteren Zeiten fähig waren, auf einen neuen Morgen zu hoffen. Und sie zeigt, warum es so wichtig ist, auf das Gute im Leben zu vertrauen.

Melanie Wolfers

Zuversicht – Die Kraft, die an das Morgen glaubt

Hardcover mit Veredelung
160 Seiten
ISBN 978-3-96340-206-7
€ [D] 14,– · € [A] 14,40

Besuchen Sie uns im Internet:
www.bene-verlag.de

Aus Verantwortung für die Umwelt hat sich die Verlagsgruppe Droemer Knaur zu einer nachhaltigen Buchproduktion verpflichtet. Der bewusste Umgang mit unseren Ressourcen, der Schutz unseres Klimas und der Natur gehören zu unseren obersten Unternehmenszielen. Gemeinsam mit unseren Partnern und Lieferanten setzen wir uns für eine klimaneutrale Buchproduktion ein, die den Erwerb von Klimazertifikaten zur Kompensation des CO_2-Ausstoßes einschließt. Weitere Informationen finden Sie unter: www.klimaneutralerverlag.de

Originalausgabe März 2022
© 2022 bene! Verlag
Ein Imprint der Verlagsgruppe
Droemer Knaur GmbH & Co. KG, München.
Alle Rechte vorbehalten.
Das Werk darf – auch teilweise – nur mit Genehmigung
des Verlags wiedergegeben werden.
Redaktion: Christoph Fasel
Lektorat: Uwe Birnstein und Stefan Wiesner
Cover- und Innengestaltung: Maike Michel unter Verwendung
eines Fotos von Oliver Tjaden/laif
Druck und Bindung: CPI books, Leck
ISBN 978-3-96340-220-3

5 4 3 2 1